RÉVOLUTION MILITAIRE
DU
DEUX DÉCEMBRE 1851

PRÉCÉDÉE DE

LA VÉRITÉ QUAND MÊME A TOUS LES PARTIS

Et de curieux entretiens de l'Auteur

AVEC LE PRINCE LOUIS-NAPOLÉON

PAR

Le Capitaine HIPPOLYTE DE MAUDUIT

Chevalier de la Légion d'honneur, fondateur et Rédacteur en chef de *la Sentinelle de l'Armée*
auteur de *l'Ami du Soldat*, des *Derniers Jours de la Grande Armée*,
ainsi que de plusieurs brochures politiques et militaires.

Qui sait soigner l'armée, la retrouve au besoin.

H. DE B.

NOUVELLE ÉDITION

PRIX : UN FRANC

PARIS
LIBRAIRIE CENTRALE
9, RUE CHRISTINE, 9
ET ARMAND LÉON ET Cᵉ, RUE DU CROISSANT, 19

1869

Paris. — Imp. L. Poupart-Davyl, rue du Bac, 30.

AVERTISSEMENT DE L'ÉDITEUR

A dix-sept ans de distance, l'Histoire paraît vouloir assembler son dossier de documents sur le coup d'État de 1851.

Parmi ces documents on peut ranger la *Révolution militaire du deux décembre* de M. le capitaine de Mauduit, livre écrit au moment même des événements et publié au commencement de 1852, sinon avec l'approbation, au moins avec l'agrément du gouvernement.

C'est donc à titre de document historique que nous réimprimons, sans aucune suppression ni modification, ce volume devenu très-rare aujourd'hui.

Le public, nous l'espérons, trouvera plus d'un enseignement curieux, utile et opportun dans l'étude des récits, des appréciations et des jugements de ce bienveillant historien de la première heure.

L'ÉDITEUR.

AU LECTEUR

> « *Je sais que ceci sera trouvé âpre, et que j'aurais pu parler plus doucement; mais la nécessité m'a arraché malgré moi ces paroles, et m'a fait préférer de dures vérités à de douces flatteries.* »
>
> (Le chancelier DE L'HOPITAL.)

Qui que tu sois, Lecteur, ami ou ennemi, je te dois le fil de ce labyrinthe, car une fois son seuil franchi, tu n'en voudras sortir qu'après en avoir parcouru jusqu'aux plus sombres détours.

Permets donc, et vous, jeunes femmes qui daignerez faire trève aux rêveries dangereuses de George Sand pour jeter un coup d'œil sur le récit dramatique d'un soldat, permettez aussi que je vous serve de guide; et pour cela écoutez ce que j'ai à vous dire de ma participation personnelle aux événements dont j'écris l'histoire, après y avoir été acteur ou témoin.

Un auteur, un historien surtout, dira-t-on peut-être, doit toujours s'effacer devant le public!...

Oui, sans doute, s'il n'a d'autre pensée que la glorification de ses propres actes.

Non, lorsqu'il n'a pour but que d'ajouter des témoignages DE VISU à l'appui de ce qu'il raconte; alors il s'écrie avec le poëte :

..... Quæque ipse miserrima vidi
Et quorum pars magna fui.....

Le capitaine Hippolyte de MAUDUIT.

PREMIÈRE PARTIE

LIVRE PREMIER

LA VÉRITÉ QUAND MÊME A TOUS LES PARTIS

Attitude des Partis le 25 février 1848, lendemain du triomphe de leur conjuration collective. — Le parti Orléaniste. — Le parti Républicain. — Le parti Bonapartiste. — Le parti Légitimiste. — Conséquences de cette tour de Babel politique.

CHAPITRE PREMIER

LE PARTI ORLÉANISTE

En 1830, je me le rappelle encore, *les héros de juillet*, comme ils se baptisèrent à l'Hôtel-de-Ville, en proclamant Louis-Philippe, *la meilleure des républiques*; en 1830, c'était à qui de ces bénéficiaires de l'incapacité ministérielle et de la débonnaireté d'un roi méconnu ferait de la fanfaronnade on de l'ironie à l'égard des royalistes, qui, disaient-ils, avaient laissé démolir l'édifice monarchique sans venir à son secours :

« *Où étaient donc les royalistes pendant les journées de juillet?* » s'écriaient narquoisement les admirateurs de Louis-Philippe pendant cette lune de miel révolutionnaire.

Ne pourrait-on pas appliquer la peine du talion aux Orléanistes, et leur demander où ils s'étaient cachés le 24 février, lorsque *leur roi*, *leur reine*, *leurs princes*, grands et petits, fuyaient éperdus sur les grands chemins, et que les retardataires travestis se cachaient dans Paris, en attendant les moyens de gagner furtivement la frontière?...

Voilà, pour les têtes couronnées sur les barricades de juillet, la récompense, après dix-huit années de jouissances souveraines ; oui, voilà la juste récompense; mais, que dis-je?... le châtiment d'avoir chassé leurs parents pour prendre leur place, et jusqu'à leur patrimoine : arrêt providentiel s'il en fut jamais!...

Quant aux ministres, également en fuite ou cachés, ils devaient expier aussi leur conduite ou leurs vœux à l'égard des conseillers de Charles X; mais ils furent plus heureux ou moins confiants que ces derniers, car ils purent se soustraire à la colère du peuple et aux actes d'accusation des Baroche, des Odilon Barrot, des Ledru-Rollin et des Garnier-Pagès, devenus les Croquemitaines de l'Orléanisme en déroute.

Les pairs, *dits de France,* fondirent comme la neige; le brouillard salpêtré du 24 février n'en laissa même pas vestige, et leur somptueux palais était devenu une caserne d'infanterie.

Les députés, qualifiés de *Bornes* par l'illustre orateur de la république de 1848, étaient redevenus de *chair et d'os*, et retrouvèrent des jambes pour vider les lieux ou se blottir dans les coins les plus reculés de ce labyrinthe législatif, si souvent témoin de leur insolente omnipotence, de leur cynisme gouvernemental; c'était à qui s'éclipserait ou passerait en rampant à travers les jambes du peuple pour regagner son logis ou son département!...

Fonctionnaires de toutes robes, qu'ils dussent ou non leurs grades, leurs rubans ou leurs dignités aux d'Orléans, n'attendirent même pas le temps ordinaire d'un deuil de convenance, et, dès la proclamation de l'Ère nouvelle, ce fut à qui ne serait pas le dernier à fléchir le genou devant la *république démocratique*, à lui offrir ses services, son bras et son épée... Pauvre espèce humaine!... Ces mêmes hommes, alors républicains par peur, par cupidité ou par ambition, si la victoire leur fût restée, eussent étranglé tous les *républicains de la veille* dès le lendemain de leur triomphe!...

Il y eut au moins cela de consolant pour la famille Royale, dans ses revers de 1830, qu'Elle quitta le sol de France avec tous les honneurs de la guerre, et non point en fuyards, comme les d'Orléans; qu'Elle se vit entourée de respect et d'hommages pendant sa marche lente vers l'exil, et qu'enfin, après ce devoir rempli, deux mille officiers, depuis le grade le plus élevé, jusqu'au modeste sous-lieutenant, brisèrent leur épée pour s'associer à la mauvaise fortune d'un Roi qu'ils avaient servi avec zèle, dévouement et sympathie; et pas un officier ne l'accabla de ses malédictions, ainsi que le fut Louis-Philippe par la plupart de ceux dont il avait fait la fortune militaire. Et combien inspira-t-il de démissions?...

PAS UNE!!!!

Quel jugement renferme ce simple rapprochement de deux époques semblables sous tant d'autres rapports!...

Louis-Philippe ne laissa donc après lui nulle trace de reconnaissance, d'estime ni d'affection, et sa chute fut le résultat de *la révolution du mépris* (1).

La milice citoyenne elle-même, qu'il choya si longtemps, qu'il couvrit de tant de rubans rouges; *ses chers camarades*, en un mot, l'insultèrent jusque dans son propre palais, et pour dernier témoignage de sympathie le saluèrent des cris séditieux de :

VIVE LA RÉFORME!

A BAS GUIZOT!

pendant que des détachements de plusieurs légions, officiers en tête, marchaient sur les Tuileries, mêlés avec le peuple, pour en chasser le *roi de leur choix!...*

Le parti orléaniste, le 25 février, avait donc totalement disparu de la scène politique. Chacun était rentré, comme le rat, dans son fromage arrondi, en attendant le moment de reparaître sous le masque du *parti de l'ordre*, pour essayer ainsi, et sans danger, de renouer les fils de ses intrigues régentistes, brisés si peu galamment par le peuple de Paris.

CHAPITRE II

LE PARTI RÉPUBLICAIN

Les Carrel, les Guinard, les Trélat et les Godefroy Cavaignac, qui avaient si puissamment contribué à l'avénement de Louis-Philippe, ne furent pas longtemps sous le charme de la *meilleure des républiques*, proclamée par *le patriarche* des républicains des deux hémisphères.

(1) Lamartine.

Une petite église se forma bientôt, mais on ne sut d'abord qui prendre pour fétiche.

Le *héros des deux mondes* était usé, par conséquent sans prestige.

A défaut de *fétiche*, on éleva des tribunes d'où de mâles et d'émouvantes paroles se firent entendre, annonçant l'avénement prochain d'une belle et noble république à la Washington d'abord, pour arriver à Danton, sinon à Robespierre et Marat, mais certainement à Babœuf II.

On sait les marches et contre-marches des sectaires de ces types républicains depuis 1830 jusqu'à 1848.

Il était dans mon étrange destinée que moi, soldat d'un principe monarchique, j'aurais pour compagnon de cachot le républicain Carrel, et pour camarade, non de lit, mais de paillasse, Raspail le socialiste.

Vivent les révolutions, pour vous donner en peu de jours et d'heures l'expérience du cœur humain!... Qui n'a passé des nuits dans un cachot infect, humide et froid, en compagnie de conspirateurs dissidents, mais francs et loyaux, ne connaît pas ce dont l'homme fortement trempé et à convictions sincères est capable en fait de dévouement et d'abnégation.

Mais ce n'est pas ici le moment de parler de mes prisons et des tableaux de mœurs qu'elles m'ont inspirés; j'y reviendrai lorsque je publierai incessamment, peut-être, l'histoire, inédite encore, de la *conjuration légitimiste de* 1830 *à* 1848, dont je fus, j'ose le dire, l'un des chefs les plus actifs, les plus passionnés; j'ajouterai même les plus persévérants, n'ayant quitté le champ de bataille qu'à la chute de Louis-Philippe, que j'avais fait le serment de combattre tant qu'il serait sur le trône enlevé à son pupille. Je déposai mes armes de conjuré au pied de l'obélisque; Louis-Philippe en fuite, j'avais vengé mon Roi, accompli mon serment!...

Tant que vécut Carrel, il sut, par la puissance supérieure de son talent, par l'énergie de son caractère et par l'élévation de ses sentiments, il sut empêcher la dislocation de ses coreligionnaires; mais à peine eut-il succombé sous la balle d'Émile Girardin, que l'arnarchie se mit dans le camp.

Les *Athéniens* restèrent sous l'étendard du *National*.

Les *impatients* passèrent sous celui de la *Tribune*, dont Armand Marrast était alors l'oracle le plus fougueux et le plus compromettant des démocrates, à ce point qu'il fit assassiner à coups d'amendes et d'années de prison cet organe de la future Montagne.

Le désordre s'ensuivit; chaque société secrète eut son patron et son grand prêtre ; le premier, comme de raison, fut pris dans le calendrier de la Convention ; le second, parmi les plus dignes du patron.

De là, les Fieschi, les Morey, les Pepin, les Alibaud, les Quénisset, les Lecomte !...

De là, les Barbès, les Blanqui, les Caussidière, les Raspail, les Lagrange !...

De là, cours des Pairs, cours d'assises, conseils de guerre, se tenant en permanence.

De là, proclamation de l'état de siège sous l'empire de la *meilleure des républiques !...*

De là, les prisons s'encombrant, les bagnes s'ouvrant, les échafaut se dressant, et comme compensation providentielle du *crime isolé* du 13 février et du *suicide* de Saint-Leu, qui ne profitaient et ne pouvaient profiter qu'à Louis-Philippe et à ses héritiers, cet usurpateur n'échappait à un assassinat que pour passer par les angoisses de trois ou quatre tentatives du même genre.

Ah! combien ce prince paya cher son ambition de cinquante années, ses intrigues incessantes pour la satisfaire !... Que de tortures lui valurent les crimes de son père, aussi bien que ses propres méfaits?...

Pendant son règne, on ne marcha plus que de complots en complots, d'attentats en attentats, de révoltes en révoltes jusqu'au jour de la grande conflagration qui le fit chasser de France, lui et toute sa famille.

CHAPITRE III

LE PARTI BONAPARTISTE

Depuis la mort du duc de Reichstadt, le parti bonapartiste n'existait plus qu'à l'état de souvenir.

Joué d'abord, en 1830, par Louis-Philippe auquel il servit *de Raton*, il finit par se fondre dans la phalange *des satisfaits*, et les bonapartistes devinrent philippistes jusqu'à l'enthousiasme, comme s'il y eût jamais eu ombre de rapports entre l'immortel Napoléon et le Napoléon de la *paix à tout prix*.

Toutefois, ce ne fut pas l'une des roueries les moins habiles du *roi des barricades*, que d'avoir attelé à son *char triomphal* les vainqueurs d'Austerlitz, de Wagram et de la Moskowa. Il se donna ainsi un relief que son *Jemmapes* et son *Valmy* ne pouvaient présenter au peuple.

En même temps que Louis-Philippe entourait sa personne des amis et même des propres aides de camp de l'Empereur, il affublait la garde municipale, dont le noyau fut pris dans les *héros* de barricades, il l'affublait, dis-je, de l'uniforme, prestigieux alors, de la garde impériale.

Louis-Philippe n'ignorait pas les progrès du mal qui, chaque jour, minait l'héritier direct du grand Napoléon; il pouvait même déjà calculer le peu de mois, le peu de jours, en quelque sorte, qui restaient encore à ce premier obstacle à ses vues dynastiques; aussi, chercha-t-il à paralyser à l'avance, au moyen de coquetteries et de faveurs sans nombre, les éléments bonapartistes, pour qu'au moment de la mort de leur prince légitime ils ne songeassent pas à reporter sur un autre membre de la famille impériale leurs sympathies et leur appui.

Ce plan réussit en effet, car déjà l'égoïsme, l'ambition, la cupidité, l'amour du repos et du bien-être avaient commencé leurs ravages. Les appétits matériels étouffaient les affections et les souvenirs...

Quel ne fut donc pas l'étonnement des habitants des Tuileries à la nouvelle de l'audacieuse tentative de Strasbourg, qui révélait un prétendant à l'héritage du martyr de Saint-Hélène!...

Ce complot, habilement conçu, mais mal exécuté, faillit réussir et nous délivrer douze ans plus tôt du règne corrupteur et démoralisateur de la faction orléaniste.

Dieu voulut nous faire épuiser ce calice amer jusqu'au bout...

Malgré son premier échec, le prince Louis-Napoléon, convaincu de la *légitimité* de ses droits, et plein de confiance dans le prestige de son nom, ne renonça pas à ses projets, car il n'est pas de ceux qui font fi de la couronne de France; il la trouve au contraire tout aussi digne que la Toison d'or que l'on brave mille dangers pour s'en parer le front!...

Mû par cette noble ambition, le jeune prince ne s'occupa plus que des moyens de se créer un parti en France, et mit tout en œuvre pour y parvenir; mais comment débuter et même se faire connaître, lui dont l'existence n'était à peine connue que d'un petit nombre de Français?...

Le prince se livra à des études sérieuses, se fit artilleur, en prenant pour modèle son oncle dont il aspirait à devenir l'héritier politique. Il chercha à pressentir les pensées, à étudier les besoins de la France, en ne perdant jamais de vue l'action des masses sur les destinées de ce pays.

Ses ouvrages furent donc autant de jalons habilement posés pour éclairer sa marche, lente il est vrai, mais que la persévérance dont le prince est doué devait favoriser, tout en le faisant passer par quelques-unes de ces rudes épreuves qui sont à l'homme ce que le creuset est pour l'or.

Le parti Bonapartiste, qui s'était fondu depuis 1830, soit dans l'Orléanisme, soit dans les sociétés secrètes d'où devait surgir plus tard, et tout armée, la milice républicaine; le parti Bonapartiste commença à se reconstituer pendant la captivité du prince Louis à Ham; car, ce qui semblerait un contre-sens, l'on n'est nulle part mieux qu'en prison pour conspirer. Je le sais par expérience, et lorsque le prince sut tromper la vigilance de ses gardiens et conquérir sa liberté par un trait d'audace et de présence d'esprit, il avait déjà formé un noyau qui, plus tard, en se grossissant par le zèle, l'activité, l'intelligence et le dévouement de ses principaux partisans, devait l'appeler à la première magistrature de la république.

La tactique fut habilement dirigée, et grande fut la stupéfaction des prétendants à la présidence, quand ils se virent primer par un proscrit auquel ils avaient d'abord refusé asile sur sa terre natale.

La fraction Bonapartiste qui s'était enrôlée sous le labarum républicain revint se placer sous le drapeau d'Austerlitz, mais décuplée par de nouveaux adeptes enlevés aux différentes sectes qui minent la république, les unes, par leurs absurdes utopies, les autres, par leurs sauvages arrière-pensées.

Toutefois, ce revirement ne s'accomplit qu'au moment des élections, car avant la lutte, et même pendant le combat de février, le parti Bonapartiste n'agit pas séparément; chacun s'associa de son mieux au mouvement qui avait pour but commun le renversement d'un pouvoir dont la France était lasse.

CHAPITRE IV

LE PARTI LÉGITIMISTE

Sauvageons de l'arbre monarchique, les quelques centaines de *talons rouges émérites* qui ont la prétention de constituer, SEULS, tout le parti Légitimiste, ne sauraient cependant, comme tous les sauvageons connus, produire que des fruits dégénérés, et s'ils se font gloire de descendre en ligne directe des Croisades, de la Ligue ou de la Fronde, leurs dernières prouesses se sont accomplies sur les bords du Rhin : depuis lors leur écu s'est brisé dans les antichambres, car combien d'entre eux vinrent-ils défendre la cause Royale en Bretagne et dans la Vendée militaire?...

Là, ne se montrèrent en armes que le peuple, que le soldat, et ce modeste chevalier de province, si dédaigneusement appelé *hobereau* par ces marquis de l'*OEil de Bœuf*.

Toutefois, ces hauts et puissants seigneurs du dix-neuvième siècle ont bien encore quelques instincts, quelque velléité du dévouement de leurs ancêtres; mais, hélas! leurs efforts ne ressemblent que trop aux galanteries d'un page du sérail auprès d'une belle odalisque!!!

C'est ainsi, par exemple, qu'ils essayent parfois de s'armer en guerre, mais leur bras efféminé ne peut plus manier la dague du treizième siècle, et leur corps encore moins supporter l'armure du chevalier!!...

C'est ainsi que parfois encore ils se croient capables de courir les hasards de la conjuration; mais dépourvus de foi religieuse, n'ayant pour ainsi dire plus de convictions politiques, il ne leur reste ni assez d'énergie, ni assez de constance pour en supporter les épreuves, pour en affronter les périls!...

Ils ne font donc que de l'intrigue, qui, ne prouvant que l'impuissance, ne mène qu'au ridicule.

Quant à s'élancer dans la lice où la couronne du vainqueur se trouve suspendue entre le martyre et l'apothéose, ces soi-disant légitimistes s'en sont reconnus indignes le jour où ils laissèrent tomber la bannière royale, relevée si noblement, si audacieusement par notre moderne Jeanne d'Albret.

Et cependant, je dois le dire, au milieu de la dégénérescence générale de la société française, c'est encore dans le parti légitimiste que se trouvent le plus d'éléments chevaleresques. Il ne s'agirait que de les greffer sur l'arbre dont la sève ne vieillit jamais, et cet arbre :

C'est le Peuple !

Et le Soldat, qui en est la suprême quintessence.

Et en effet; car si, par une de ces bizarreries des choses d'ici-bas, le dévouement royaliste s'est souvent élevé et s'élèverait encore jusqu'au sublime chez *le Peuple*, chez *le Soldat* et *le Hobereau*, il a presque toujours été en sens inverse de l'échelle sociale, et sa progression décroissante devient surtout sensible à partir de vingt mille livres de rente.

Depuis l'artisan jusque-là, l'on trouve encore du zèle, un concours franc, sincère, loyal, énergique, empressé, efficace; en un mot, de la vie politique et de l'abnégation.

Mais lorsque apparaît l'hôtel, le suisse à perruque anglaise, l'équipage et le valet poudré, adieu le royalisme en pratique : là, il n'y a plus de place que pour l'orgueil, l'envie, l'amour du luxe, l'insolence, l'hypocrisie politique et religieuse, l'intrigue et l'ambition !

Le cœur y est atrophié et ne saurait désormais s'associer à quoi que ce soit de grand, de noble, de généreux, et tel qui, le matin, aura refusé cent francs pour la cause du Roi ou pour venir en aide à des proscrits, à des prisonniers royalistes, dépensera, le soir même, cinq, dix, peut-être quinze mille francs, pour une fête destinée à éclipser celle de son voisin !...

Tel autre qui, en proie *aux misères* d'une fortune de deux à trois cent mille livres de rente, aura refusé son concours à un emprunt *personnel du Roi*, dont cependant il se proclame l'*un des plus fidèles sujets*, deux heures après prendra pour cent, deux cent, trois cent mille francs d'actions dans les chemins de fer ou dans quelque maison de banque ou d'industrie...

Et que l'on ne taxe pas d'exagération ces trop tristes vérités, j'y appliquerais aussitôt bien des noms qui, *jadis*, passèrent pour des plus illustres et des plus beaux de France, et qui, aujourd'hui, ne sont que trop souvent bien mal portés!...

Avis donc au jeune et *merveilleux* rejeton du vieux tronc monarchique : que n'a-t-il écouté la voix d'un ami qui a tout sacrifié pour *sa cause*, et qui, ses écrits en font foi, ne varia jamais sur la seule manière d'en assurer le triomphe!...

Si les conseils des *Nestors* sont parfois bons à consulter, on ne doit jamais dédaigner les avis d'un soldat éprouvé...

Le parti Légitimiste, grâce à ses trop nombreuses infirmités, grâce à l'abâtardissement de ses sommités, grâce à la caducité politique de *ses talons rouges*, ne pouvait donc se présenter, bannière déployée, sur le champ de bataille; mais telle était cependant encore son influence, que sa force d'inertie seule contribua à enrayer *le char Orléaniste*, jusqu'au jour où il suffit d'un coup de pied du peuple pour le renverser dans la boue.

Là n'eût pas dû se borner l'action du parti Légitimiste; possesseur des deux tiers de la fortune territoriale de France, il tient en main le *nerf de la guerre*; et si son instruction laisse généralement à désirer, par cela même que son opulence ne lui en fait pas sentir l'importance, encore moins la nécessité, par son éducation traditionnelle et l'assurance que donne toujours une ceinture bien garnie, le parti Légitimiste pouvait encore, avec une direction *intelligente* et SURTOUT VIGOUREUSE, ACTIVE et RÉELLEMENT DÉVOUÉE, s'emparer du gouvernail au lieu de le laisser aux mains des aigrefins, transfuges émérites de tous les partis.

Mais, pour en arriver là, que de choses à imposer à ses premiers barons! que d'abnégation à obtenir de ses fermiers généraux!...

A qui sera-t-il donné, par exemple, d'inspirer abnégation et dévouement à l'égoïsme, à l'avarice, à l'indifférence politique, ces tristes sentiments caractéristiques de la HAUTE ARISTOCRATIE Légitimiste?...

Car, hélas! si vous faites appel, à défaut d'autre concours possible, à la bourse de ces *thésauriseurs à l'étranger*, ils vous répondent, à quelques honorables exceptions près, et d'un ton *héroïque* à faire pouffer de rire ou éclater de colère qui les connaît :

« Ma bourse est vide!... Mais mon sang tout entier et jusqu'à la dernière goutte, je suis prêt à le répandre pour mon Roi, à son premier signal!... »

Quelle ressource et quel appui qu'un sang appauvri, qui s'est pourri même dans les palais de toutes les puissances d'ici-bas!... ces séjours empestés de la courtisanerie, de la basse adulation, de la vanité!...

« — A nous, disent-ils, *les profits* des *restaurations*; mais *aux vilains* de la monarchie, A NOS MOUTONS, les charges exclusives du dévouement!...

« A nous les jouissances, les honneurs, les dignités, le faste, le sybaritisme, les petits soupers, les courtisanes *aux frais du Roi*; mais A NOS MOUTONS, les sacrifices, les tribulations, les cachots, les galères, l'échafaud, les procès, les recors, la misère!... et pour bouquet d'ingratitude :

« LE DÉNIGREMENT ET LA CALOMNIE!...

Que répondre à d'aussi odieux, à d'aussi criminels calculs, sinon qu'il vaut encore mieux rester en république que d'avoir jamais à subir les insolents dédains de pareils POTENTATS, et s'en remettre à Dieu pour le châtiment qu'ils méritent?...

Voilà, en quelques traits, l'esquisse du tableau statistique des partis qui se heurtaient partout dans Paris, au moment du cataclysme du 24 février.

Que l'on s'étonne donc de l'existence de la tour de Babel après en avoir eu sous les yeux la fidèle image!...

CHAPITRE V

Que pouvait-il, je le demande à tout homme de sens et de bonne foi, que pouvait-il, que devait-il surgir d'un pareil chaos?...

Les orgies de l'Hôtel-de-Ville, les mômeries socialistes du Luxembourg, la Constituante que l'on connaît, la monstrueuse thébaïde de Juin, l'arlequinade législative qui vient d'être si piteusement chassée d'un coup de crosse, et enfin une jacquerie sans exemple, si Dieu n'eût pris soin de la prévenir par un de ces instruments dont il sait se servir pour l'exécution de ses volontés suprêmes!...

Oui, voilà où devaient nous conduire nos extravagances de cinquante années.

Pleurez maintenant, citoyens, sur cette constitution qui les sanctionnait toutes et ne méritait d'être traitée qu'en prostituée de bas étage !...

Pleurez !... Pleurez !... jongleurs de toutes classes, mais permettez à d'autres aussi de rire de vos grimaces, car tous, sans exception, vous n'attendiez que l'heure et l'instant de faire au profit de vos intérêts et de vos ambitions personnelles ce que plus habile et plus courageux que vous a fait au profit des principes qui seuls peuvent sauvegarder les sociétés : la religion et l'hérédité du pouvoir ! . . . .

. . . .

. . . .

. . . .

CHAPITRE VI

Depuis longtemps l'Assemblée, dite nationale, ne faisait que de l'intrigue au profit de l'orléanisme, le pire de tous les systèmes de gouvernement, car il ne repose que sur la corruption, sur l'égoïsme, la satisfaction des sottes vanités et des appétits matériels.

Les coteries dont se composait cette Assemblée, ne s'occupaient plus que de se jouer successivement des malices d'écoliers au lieu d'étudier les graves questions qui se rattachent aux intérêts des masses.

Aujourd'hui, la droite s'unit à la montagne contre l'orléanisme.

Hier, les orléanistes et les légitimistes se coalisaient contre la montagne.

Avant-hier, les orléanistes pactisaient avec la montagne et les légitimistes contre les élyséens, tandis que, la veille, montagnards, élyséens, orléanistes, dansaient la ronde autour des légitimistes qu'ils avaient laissés sur le carreau dans cette lutte de trois contre un.

Était-ce là, je le demande, une législature digne de nos respects, de nos hommages, de notre dévouement?...

Il fallait en finir avec toutes ces farces constitutionnelles et renvoyer à leurs affaires, à leurs intrigues privées, tous ces brouillons politiques si déconsidérés déjà aux yeux du peuple par ces vingt-cinq francs qui les préoccupaient plus que les intérêts de ce même peuple, et qu'ils regrettent certes bien plus encore aujourd'hui que l'*outrage* fait, le 2 décembre, à la vertu de cette constitution dont ils s'étaient proclamés les don Quichotte, mais pour laquelle un seul de ces valeureux chevaliers est mort, tant ils étaient peu convaincus sans doute et peu sous le charme de sa vertu et de son inviolabilité ! . . . .

. . . .

. . . .

J'entends à ces paroles retentir les anathèmes de tous nos fiers républicains à vingt-cinq francs par jour, de tous ceux qui dans quelques mois aspiraient à leur survivance sybaritique.

J'entends les exclamations de ces docteurs d'estaminet qui n'aiment que la liberté qui mène à la licence et à l'anarchie.

J'entends tous ces cancaniers de salon pour qui la politique est un passe-temps, un sujet de petites intrigues, plutôt qu'une préoccupation sérieuse des intérêts publics.

J'entends, en un mot, tout ce que ma manière un peu cavalière de m'exprimer à l'égard de la milice représentative va provoquer de colère ou de risible; mais peu m'importe, je fais ici de l'histoire et de l'appréciation vraie au profit de mon pays, qui ne pouvait rester soumis plus longtemps à toutes les terribles éventualités que lui ménageaient nos 750 dictateurs.

Je ne connus jamais, Dieu merci, l'hypocrisie politique, et certes si j'eusse été appelé à l'honneur de figurer au nombre des constituants de 1848, je ne me serais jamais laissé arracher de la poitrine un cri, une acclamation contraire à mes convictions, ainsi que le firent, *par peur*, sur le péristyle du palais Bourbon, la plupart de nos 900 républicains du lendemain, sur l'injonction de quelques centaines de voyous avinés.

Les conséquences de concessions de ce genre ne peuvent inspirer que mépris et nulle considération aux yeux mêmes des masses, chez qui le bon sens sait toujours faire justice des palinodies comme des coquetteries de faux aloi qu'on leur fait.

N'ayant point acclamé la république, encore moins accepté ses faveurs, je me crois quelque droit de rire de la déconfiture de son parlement, comme je m'étais conquis le droit de conspirer contre l'usurpation de Louis-Philippe, que je ne reconnus jamais, et de rire aussi de sa déroute.

Ceci dit à haute et intelligible voix, j'entre dans l'histoire de *cette révolution militaire du 2 décembre* 1851, à mes yeux tout aussi légale et surtout moins dangereuse pour la société que celle de 1830 et celle de 1848, qui fut la conséquence inévitable de la première.

LIVRE DEUXIÈME

Origine de mes rapports personnels avec le prince Louis-Napoléon. — Lettre inédite du Prince ; son tact et sa portée. — Ma première entrevue à Thoun, le 21 septembre 1836. — Son importance historique; capacité, intelligence et sentiments qui s'y déroulent. — Avenir qu'ils présageaient. — Deux systèmes politiques en présence. — Franche et loyale discussion. — Confidences et révélations qui s'ensuivent. — Conjuration de Strasbourg; ses causes, ses moyens et son but.

CHAPITRE VII

Je crois devoir expliquer l'origine et les principaux épisodes de mes rapports avec le prince Louis-Napoléon. On en appréciera l'importance, aussi bien que les curieux mystères ; l'histoire pourrait bien y glaner quelque chose, y découvrir le mot de plus d'une énigme.

Je réclame donc toute l'attention de mes lecteurs sur des faits que, pour la première fois, je révèle au public, en raison même de leur opportunité, de l'intérêt surtout que l'on y trouvera.

Le prince Louis-Napoléon, pendant son séjour en Suisse, où il avait obtenu droit de citoyen, s'occupait activement de la réalisation de son idée fixe, celle d'arriver à gouverner la France, soit comme président, soit comme héritier de la couronne impériale, en vertu du sénatus-consulte de 1804.

Le neveu de l'Empereur vient de prouver ce que peut en France une volonté persévérante, unie au courage et à l'habileté.

Le prince cherchait surtout la solution de deux problèmes :

Attirer l'attention de l'armée, parce que là où se manient le salpêtre et l'acier, là est le bélier d'Archimède, et mériter la confiance des masses par la popularité phénoménale du nom qu'il portait.

Pour l'armée, il s'occupait de travaux militaires, et fit paraître, en 1835, son ouvrage sur l'artillerie.

Pour le peuple des villes et des campagnes, il se livrait à des études philosophiques et philanthropiques, et mit au jour successivement plusieurs brochures sur ces graves sujets de préoccupation du siècle, et notamment sur l'*Extinction du paupérisme*.

Souscripteur à tous les journaux comme à toutes les productions militaires de l'Europe, le prince fut l'un des premiers abonnés de la *Sentinelle*, dont j'étais le fondateur, le rédacteur en chef et le propriétaire unique, et lui resta fidèle, dans sa bonne comme dans sa mauvaise fortune, car il voulut constamment se faire suivre par elle, en Suisse comme en Amérique, à Londres comme à Ham, comme plus tard à l'Élysée, jusqu'à sa suspension définitive, fâcheuse peut-être, le 1er mai 1850, par suite d'exigences fiscales.

Le prince me fit remettre, en 1835, avec prière d'en rendre compte dans mon journal, un exemplaire de son premier ouvrage sur l'artillerie.

J'en rendis en effet compte quelques semaines après. Les remerciements du jeune capitaine d'artillerie ne se firent pas attendre, car, doué de tact et d'habileté, il ne laisse échapper aucune occasion de se créer des partisans ou des amis.

Ancien sous-officier de la vieille garde impériale, je crus de bon goût de faire à mon tour hommage au neveu de l'Empereur d'un exemplaire de mon *Ami du soldat*, que j'avais écrit pendant ma première captivité pour Henri V, et j'en reçus immédiatement la lettre autographe ci-après, que je crois utile de rapporter ici textuellement :

« Château d'Arenemberg, 8 février 1836.

« Capitaine,

« J'ai reçu avec plaisir le livre que vous m'avez envoyé ; je le lirai avec intérêt, car tout ce qui a rapport à la France et à sa brave armée me touche vivement.

« Comme vétéran de la grande armée, vous avez bien voulu,

capitaine, vous souvenir du neveu de l'Empereur, exilé; croyez que je suis bien sensible à cette marque d'intérêt et que tout ce qui me rappelle la gloire française a droit à mon affection.

« Recevez, capitaine, l'assurance de mes sentiments,

« Signé : Louis-Napoléon BONAPARTE. »

Sept mois après la réception de cette lettre, ayant profité des vacances de mon fils pour visiter la Suisse, en famille, le hasard nous fit descendre à l'hôtel de Bellevue, à Thoun, qu'habitait le prince Louis-Napoléon, pendant le temps que duraient les exercices de cette école d'artillerie de la Suisse, et ce jour, 21 septembre 1836, j'eus avec lui une conversation du plus haut intérêt historique et politique, et cela pendant plusieurs heures.

Cet entretien, je l'ai écrit peu de jours après, — il y a bientôt seize années, — et lu depuis lors dans plusieurs salons de Paris, où chaque fois l'on insista pour que je le publiasse; je le fais aujourd'hui pour la première fois, même en extraits comme ceux-ci.

Dans cet entretien, qui eut lieu *cinq semaines seulement* avant sa tentative de Strasbourg, le prince ne me dissimula pas ses projets, par la confiance que j'avais su lui inspirer, tout en lui refusant franchement mon concours.

Je vais donc extraire de mon manuscrit, encore inédit, je le répète, les passages que je crois le plus en harmonie avec les événements qui se déroulent en ce moment sous nos yeux; et je ne crois manquer ni aux convenances, ni à l'affection toute personnelle que j'ai vouée, depuis 1835, au prince Louis, en les burinant ici.

MON PREMIER ENTRETIEN AVEC LE PRINCE LOUIS-NAPOLÉON

. . . .
. . . .

« L'hôtel de Bellevue, à Thoun, élevé au milieu d'un délicieux jardin anglais, comme un belvédère dans une maison de plaisance, domine ce lac, et de ses terrasses ainsi que de ses appartements, chacun peut promener ses regards sur les montagnes de l'Oberland.

« Mon premier mouvement, en entrant dans la coquette salle à manger de l'hôtel, fut de m'informer si le prince était chez lui, et sur la réponse affirmative de l'un des garçons, j'écrivis ces quelques lignes que je lui fis transmettre :

« Le capitaine Hippolyte de Mauduit, fondateur et rédacteur en « chef de la *Sentinelle de l'armée française*, descendu à l'hôtel de « Bellevue, mais pour deux heures seulement, apprenant que « S. A. le prince Louis s'y trouve, ne peut résister au désir de « presser la main d'un neveu de l'Empereur, dont il a été l'un des « soldats les plus dévoués.

« Le capitaine Hippolyte de Mauduit serait reconnaissant à Son « Altesse, si elle voulait bien lui faire l'honneur de le recevoir. »

« Deux minutes après, un valet de chambre du prince vint me prier de me rendre auprès de lui.

« J'avais à peine entr'ouvert la porte de son cabinet que le prince me prit affectueusement la main et m'embrassa comme un ami qu'on n'a pas revu depuis longtemps.

« Des larmes d'émotion roulèrent dans ses yeux; j'en ressentis le magnétique contre-coup.

« Le prince, me tenant toujours la main, me dirigea vers une petite causeuse et m'y fit asseoir à ses côtés. Nous y restâmes ainsi pendant plus de deux heures.

« Là, en tête à tête, se passa un entretien que je ne me rappelle jamais sans charmes, et que je crois assez digne d'intérêt pour en retracer ici les traits les plus saillants : l'*histoire pourrait bien un jour y glaner quelque chose.*

« — Ah! combien je suis sensible, monsieur de Mauduit, me dit le jeune prince, — il avait alors vingt-neuf ans, — à votre bonne visite; il est toujours si doux pour un proscrit de retrouver un compatriote, et surtout un compatriote dont le cœur est resté pur au milieu de tant d'événements politiques qui ont flétri tant d'illustrations et fait tant d'ingrats!...

« — Il n'est que trop vrai, prince, que la catastrophe de 1830, aussi bien que celle de Fontainebleau, n'ont que trop prouvé l'inconstance des hommes, et le peu de confiance et d'estime qu'ils doivent inspirer.

« Le soldat seul, ainsi que le véritable peuple, celui que n'a point encore corrompu l'atmosphère empestée des grandes villes, sont restés honnêtes et vraiment patriotes au milieu de ces bouleversements successifs, fruits de l'intrigue, de l'orgueil et de l'ambition, bien plus encore que le résultat d'une pensée sérieuse de retour à la légitimité ou à la liberté, qui tour à tour servirent de masque *aux héros* de 1814 et de 1830.

« — Je suis bien heureux aussi, reprit le prince, de vous exprimer de vive voix mes remerciements à l'occasion du bienveillant compte rendu que vous avez fait de mon histoire de l'artillerie, dans votre *Sentinelle*, que je reçois et je suis toujours avec un vif intérêt, car tout ce qui a rapport à l'armée française est pour moi l'objet d'une sollicitude et d'une étude particulières.

« Aussi ai-je lu avec une sérieuse attention votre *Ami du soldat*, dont vous m'avez si galamment fait hommage.

« On aime à voir un officier consacrer ses loisirs à doter l'armée du fruit de son expérience et de son instruction.

« — C'est mon unique passe-temps aujourd'hui, prince, et depuis que j'ai brisé mon épée pour ne pas l'employer au service d'une révolution que j'avais combattue, et surtout *d'un homme* que je ne puis que mépriser, moi, ancien officier de la garde royale, si souvent témoin des bassesses courtisanesques d'une famille qui, depuis si longtemps, n'a été que le mauvais génie de la France, souvent sa honte, et toujours la cause de ses révolutions!..

« A ces mots, énergiquement prononcés, le prince me serra fortemênt et sympathiquement la main, et me pressa de questions auxquelles je répondis avec une grande franchise et le plus complet abandon : que l'on en juge :

« — Il paraît, reprit le prince, que Louis-Philippe a déjà perdu de son prestige sur les masses, et que celles-ci ne seraient même pas éloignées de chercher ailleurs un objet d'affection?...

« — Ce prestige, prince, n'a duré que le court espace d'une lune de miel dans un ménage mal assorti.

« Pour mériter l'estime, la confiance, et surtout l'affection du peuple, il faut avoir un cœur noble, droit, généreux, des sentiments honnêtes, loyaux, patriotiques ; or, Louis-Philippe est l'antipode de ces vertus civiques. Ambitieux et cupide, l'or et le trône sont tout pour lui.

« Il rêvait, depuis longues années, à opérer, au profit de sa famille, une parodie de la révolution de 1688, qui renversa l'antique famille des Stuarts, et se donna pour chef héréditaire un prince de la maison d'Orange.

« Louis-Philippe, pour cimenter son usurpation, fruit d'une conjuration incessante, s'appuie sur toutes les mauvaises passions d'ici-bas, et comme au peuple français il faut autre chose que la satisfaction de ses appétits matériels; qu'il aime la gloire et la grandeur de la France, élevée si haut par l'immortel Napoléon; Louis-Philippe, qui déjà, pour obtenir son intronisation parmi les rois de l'Europe, leur a laissé entrevoir, promis même, de n'aspirer qu'au rôle de *Napoléon de la paix*, le divorce entre le peuple et un homme si peu digne de le comprendre était inévitable et très-prochain.

« — Quelle est donc la force motrice sur laquelle il s'appuie, à défaut du peuple prêt à déserter sa cause?...

« — Homme fourbe, digne élève de Machiavel, n'aimant ni n'estimant point son prochain, incapable d'une belle action, ses moyens sont la corruption et l'exploitation des sottes vanités de la bourgeoisie, comme si l'on pouvait jamais fonder quelque chose de grand et de durable avec cette classe égoïste et bâtarde, qui n'a ni l'énergie du peuple ni le dévouement chevaleresque de la véritable noblesse, ces deux puissances indispensables à tout gouvernement.

« — C'est en effet bien mal comprendre et juger la nation française, reprit le prince, que de prétendre la diriger sans ces deux forces vitales!... Mais quels moyens de renverser un roi si peu en harmonie avec le caractère et les sentiments des Français?

« — Le temps, à défaut de mieux, fera justice de cette usurpation, répondis-je à cette interpellation qui me fut faite avec une certaine sollicitude.

« — Vous ne croyez donc pas le peuple assez fort pour secouer un joug aussi humiliant et qui peut devenir bien lourd?...

« — Je ne le pense pas.

« — Et l'armée?... Pour qui sont ses sympathies?...

« — Je vais, prince, vous dire à ce sujet mon opinion tout entière; je crois connaître l'armée autant, peut-être mieux que bien d'autres, ayant passé vingt ans de ma vie dans ses rangs et lui consacrant, depuis 1830, toutes mes études, tous mes loisirs.

« — Dites! dites! répondit vivement le prince : j'attache un grand prix à votre appréciation.

« — L'armée ne forme plus en ce moment un tout homogène; dans ses rangs se trouvent des éléments divers, souvent opposés, qui lui enlèvent de sa force et de sa puissance. La révolution de 1830 a été pour elle un coup funeste, en brisant les liens de fraternité réelle qu'une administration paternelle, appuyée sur des lois justes et loyalement exécutées, avait inspirée dans tous ses rangs.

« Les corps d'officiers s'étaient successivement purgés de tout ce qui s'était montré indigne de porter l'épaulette; aussi l'armée commençait-elle à jouir de la haute considération qui lui est nécessaire et sans laquelle elle n'est plus qu'une force brutale au service du premier venu.

« Les sentiments chevaleresques avaient repris racine parmi nous; la catastrophe de 1830, cette cruelle leçon que la Providence a voulu donner à des ministres présomptueux d'un roi *trop peu militaire* pour la France, a fourni un témoignage éclatant de ces sentiments : près de deux mille officiers brisèrent comme moi leur épée et firent le sacrifice d'une carrière qu'ils aimaient pour s'associer à la mauvaise fortune d'une famille qui avait reçu leur serment et ne les en avait pas dégagés.

« — Quelle noble conduite ! s'écria le prince, en me pressant affectueusement la main; mais aussi quelle perte pour la France et pour l'armée que la perte de pareils officiers!

« — La France, prince, répondis-je à un regret exprimé d'une manière si aimable et si flatteuse, la France nous retrouvera tous au jour du danger, à la première menace d'une invasion!...

« Louis-Philippe, dans une pensée toute dynastique, a enlevé à l'armée les garanties de justice et vraiment libérales qu'elle trouvait dans les lois qui ont honoré l'administration du maréchal Gouvion-Saint-Cyr.

« Le maréchal Soult, aussi courtisan que despote, s'est prêté à ce funeste système et a développé, par des lois nouvelles, l'intrigue et le favoritisme, ces plaies vivaces de notre époque.

« En surexcitant outre mesure la soif d'avancement, on a transformé l'armée en bazar, où chacun ne cherche plus qu'à arriver au plus vite, coûte que coûte, au détriment de son frère d'armes, au sommet de l'échelle militaire, moins peut-être pour la grosseur de son épaulette que pour l'augmentation des émoluments qui s'y rattachent; car tel est aujourd'hui le système gouvernemental en France, que l'or est devenu le mobile et le but de tous.»

« — Mais, dit le prince avec l'accent de l'indignation, Louis-Philippe commet là un acte de lèse-patrie, car il l'énerve en la rendant égoïste et cupide, et de là à la vénalité il n'y a qu'un pas!...

« — Il n'est que trop vrai, prince; mais Louis-Philippe pourrait-il gouverner longtemps la France en la laissant à ses instincts généreux, à son amour de la gloire, à ses prédispositions tapageuses?... Non! car ce que Louis-Philippe redoute surtout, c'est une rupture avec l'ex-sainte-alliance, qui a daigné, par égoïsme autant que par peur, accorder droit de cité dans l'auguste aréopage au fils d'un régicide. C'est même à contre-cœur et malgré les avantages que ses fils et lui en retirent, qu'il conserve l'Algérie, qui entretient encore dans l'armée le goût des armes et l'humeur guerrière, qu'il voudrait transformer en passions industrielles, parce qu'ayant fait de tous les Français un peuple de marchands et de calculateurs, il en serait le maître à bon marché.

« — Quelle odieuse politique!... Elle recevra tôt ou tard son châtiment.

« — Je le désire et l'espère comme vous, prince, et Dieu veuille qu'il ne se fasse point attendre, car la France est déchue pour longtemps si Louis-Philippe n'est bientôt renversé d'un trône élevé par surprise et perfidie, et dont chaque jour il se montre si peu digne!

« A ces dernières paroles, le prince devint pensif... Quelques secondes après, il recommença ses questions, qui, cette fois, furent plus directes, plus catégoriques, plus instantes; ma franchise lui avait plu, peut-être inspiré quelque confiance.

« — L'armée et le peuple ont-ils conservé quelque souvenir de la gloire impériale, quelque sympathie pour la mémoire de l'Empereur?

« — Oui, prince, la mémoire de Napoléon vivra longtemps, peut-être même à jamais dans le cœur du soldat et du peuple, et telle est ma conviction à ce sujet, que j'ose affirmer que le roi de Rome serait aujourd'hui sur le trône de France si, par un épuisement anticipé, il n'eût abrégé ses jours.

. . . .

. . . .

« Le roi de Rome ne comprit jamais sa haute destinée, ni les vœux qui s'adressaient à lui.

« — Mais d'autres ont compris cette mission, me dit le prince avec émotion, et sont prêts à s'y vouer corps et âme!

« Pensez-vous, monsieur de Mauduit, qu'ils trouvassent de l'appui dans les masses s'ils réclamaient leurs droits d'hérédité napoléonienne?

« — Ces droits, prince, sont morts avec l'héritier direct de

Napoléon, et je ne crois pas leur transmission possible sur la tête d'un autre membre de sa famille; le temps seul eût pu consacrer cette dynastie nouvelle : Dieu en a décidé autrement, en appelant prématurément à lui le fondateur et le rejeton unique de cette dynastie naissante.

« — Mais le sénatus-consulte de 1804 a prévu ce cas et m'a transmis les droits du roi de Rome en cas de décès.

« — Pourquoi donc n'avoir pas invoqué ce sénatus-consulte au moment même de la mort de votre cousin?

« — C'est ce que je me dispose à faire, me répondit le prince d'un ton plein de confiance.

« — Mais votre oncle Joseph ne vous les contestera-t-il pas, ces droits, et après lui votre oncle Lucien, dans l'intérêt de ses fils, car la couronne de France est digne d'envie?

« — Le sénatus-consulte a tranché ces prétentions, et quant à mon oncle Lucien, il a toujours fait bande à part.

« — Les querelles de famille, prince, ne changent rien aux droits : ce motif ne serait donc pas une cause d'exclusion s'il existait des droits, ce que je crois très-contestable, même le sénatus-consulte à la main, à moins que de nouvelles assemblées primaires ne vinssent un jour les sanctionner; mais qui convoquera ces comices?

« — MOI! reprit vivement le prince.

« — Et comment?

« — Le voici.

En prononçant ces paroles, le prince me parut comme soulagé d'un poids qui l'oppressait : il pensait avoir trouvé en moi un ami digne de ses confidences, disposé peut-être à seconder ses projets, ses espérances ou ses illusions.

Alors, se rapprochant encore de moi, et me prenant la main comme l'amant prêt à faire à sa maîtresse l'aveu de son amour, il me fit sa confession tout entière.

« — Mon cher monsieur de Mauduit, me dit alors le prince, indigné comme vous depuis longtemps du joug humiliant qui pèse sur la France, je me suis déterminé à tenter de l'en délivrer avec le concours de l'armée et de tous les hommes de cœur, car je crois le moment venu pour ceux-ci de se donner la main!...

« — Je l'appelle aussi de tous mes vœux, prince, ce jour où tous les hommes de cœur et vraiment amis de leur pays se tendront franchement et loyalement la main, pour assurer le bonheur de la

France et l'arracher enfin à tous ces tiraillements intérieurs qui l'épuisent et paralysent son essor.

« Mais ce jour est-il venu? Les partis ont-ils bien renoncé à leurs prétentions pour se ranger sous une bannière unique?... Qui devra l'emporter des partisans des idées révolutionnaires dont on n'est pas encore désillusionné en France, ou de ceux qui, croyant mieux juger les intérêts du pays, voudraient revoir une monarchie réelle, mais non une misérable parodie comme celle d'aujourd'hui, qui n'est qu'une république bâtarde entée sur un trône usurpé.

« La monarchie, pour être solide, ne doit-elle pas s'appuyer sur une base immuable, sur un principe consacré par des siècles; en un mot, SUR LA LÉGITIMITÉ?...

« — Mais, dit le prince, la France ne veut plus entendre parler de la branche aînée des Bourbons, et lui préfère même, assure-t-on, la famille d'Orléans, qui l'a trahie et détrônée!...

« — L'on est sans doute bien loin encore, prince, de cette unanimité si désirable qui rendrait à la France toute son énergie, toute sa splendeur, toute sa puissance, que proclamait si énergiquement le grand Frédéric.

« Pendant quarante-cinq ans, on a tellement calomnié systématiquement la branche aînée des Bourbons; l'or des d'Orléans y a si puissamment contribué, que de très-vives préventions existent encore, j'en conviens, contre un retour au principe.

« Les penseurs et les hommes sans autre ambition personnelle que d'offrir le concours de leur dévouement au bonheur du pays, persistent seuls dans leurs convictions que *la légitimité* sera l'unique ancre de salut après les mille extravagances auxquelles doit infailliblement nous mener le règne de Louis-Philippe.

« — Vous êtes donc légitimiste toujours? me demanda le prince.

« — Oui, prince, et disposé à tout sacrifier encore à ce principe, comme je lui ai déjà sacrifié ma carrière, ma fortune et ma liberté!...

« — Mais si vos généreux efforts, que je respecte et qui vous honorent, ne doivent point aboutir aux résultats que vous désirez, pourquoi ne seconderiez-vous pas toute tentative ayant pour but de renverser l'ennemi commun, sauf à soumettre ensuite à la sanction de la France le choix de sa forme de gouvernement?...

« — Tout autre que Louis-Philippe sur le trône de France me conviendrait certes mieux que lui, car je considère sa présence aux Tuileries comme une honte pour mon pays. Mais, lié par un serment dont je ne me crois point encore dégagé, que j'ai, au contraire, cimenté depuis 1830 par des sacrifices et des persécutions subies, puis-je bien, je vous le demande, prince, seconder toute autre conjuration que celle à laquelle j'ai engagé ma foi?... »

Cette réponse, toute militaire, parut faire impression sur le jeune prince, dont le cœur est accessible aux sentiments chevaleresques.

« — J'ai trop d'estime pour votre caractère, mon cher capitaine, reprit aussitôt le prince, pour ne pas vous faire le dépositaire de mes projets, fondés sur des démarches sérieuses faites auprès de moi par des hommes éminents et par de nombreux amis de l'Empereur.

« — Prenez garde, prince!... Défiez-vous autant des illusions de vos amis, que des piéges d'une police active et rusée?...

« Vous êtes trop rapproché des frontières de France et du séjour de son ambassadeur (1), pour n'être point en butte à toute sa surveillance et même à mille embûches.

« Des intrigants, comme il s'en trouve partout et toujours sous les pas des prétendants et des puissances de ce monde, n'accourent-ils pas déjà en Suisse pour exploiter votre fortune, avant de vous élever sur le pavois?...

« Croyez-moi donc, prince; croyez et excusez la franchise d'un soldat de l'ex-vieille garde impériale : ne vous lancez pas sur des instances, sur des plans aussi suspects, aussi chimériques peut-être, dans quelque tentative aventureuse qui ne pourrait, je le crains, que compromettre votre position, votre caractère, et perdre les amis sincères qui s'associeraient à vos projets.

« Admettons un instant la possibilité pour vous, au moyen d'intelligences dans un certain nombre de régiments, de tenter un second 20 mars, et d'arriver jusqu'à Paris, sous l'escorte de quinze à vingt mille soldats ou volontaires du peuple ou des campagnes admettons que Louis-Philippe, ne trouvant personne pour le défendre, vous cède la place, comme Louis XVIII le fit à votre oncle.

« Les difficultés pour vous, prince, sont bien moins encore d'arriver jusqu'à Paris, que de vous y maintenir.

« Dès le lendemain surgiront pour vous des obstacles aussi imprévus qu'insurmontables, dans la situation actuelle des esprits en

(1) Berne.

France; *réservez-vous pour une meilleure occasion, qui, tôt ou tard, peut vous assurer une belle page dans l'histoire!*

« Vous vous plaigniez tout à l'heure, prince, des tortures de l'exil. Eh bien! il est un autre Français qui n'a pas plus mérité sa mauvaise fortune que vous, et ce Français est l'héritier direct, *unique*, des rois de France!...

« Unissez votre mauvaise fortune à la sienne. UNE ÉPÉE DE CONNÉTABLE est préférable à une couronne usurpée, et en quelles mains pourrait-elle jamais être mieux placée qu'entre les mains d'un neveu de l'Empereur! »

A ces paroles prononcées, je l'avoue, avec une chaleureuse inspiration, une teinte pourprée se répandit sur le visage du prince; deux larmes s'échappèrent de ses paupières... J'avais touché quelque corde sensible, révélé peut-être un trait de lumière inconnu à ce jeune prince, élevé dans la pensée d'un rôle important en Europe.

Après quelques secondes de silence, le prince reprit :

« — Mais nos droits seraient rivaux!... »

« Ah! permettez, prince; depuis deux heures j'emploie toute mon éloquence à chercher à combattre vos illusions à ce sujet, car. . . . .

. . . .

« Daignez, prince, excuser ma franchise, peut-être un peu trop en désaccord avec vos entretiens habituels avec des Français qui peut-être vous trompent ou s'abusent.

« Cette entrevue, prince, vous assure mon affection personnelle, sinon mon concours efficace à la réalisation de vos projets, que je crois tout au moins imprudents, et je m'estimerai toujours heureux chaque fois que je trouverai l'occasion de vous exprimer les sentiments tout particuliers que vous m'avez inspirés; mais permettez-moi, prince, d'insister sur le conseil d'amitié vraie que vient de me dicter mon respect pour la mémoire de l'Empereur. »

. . . .

. . . .

Cinq semaines après cet entretien, le prince Louis-Napoléon réalisait à Strasbourg ses projets et mes appréhensions.

LIVRE TROISIÈME

Ma seconde visite au Prince Louis. — Son portrait en trois mots. — Une scène amoureuse entre deux personnages éminents. — Tentative de Boulogne. — Mon entretien avec un émissaire du Prince. — Assaut de franchise et de loyauté politique d'un légitimiste et d'un bonapartiste. — M. Thiers et son guet-apens. — Mes prédictions sur la conjuration de 1840. — Leur réalisation et leurs conséquences. — Fatales illusions.

CHAPITRE VIII

En prenant congé du prince Louis pour me rendre à Interlaken, limite extrême de mon voyage en Suisse, je lui promis une seconde visite à mon retour. Je réalisai ma promesse huit jours après, et, dans cette nouvelle entrevue, qui dura plusieurs heures comme la première, nous restâmes l'un et l'autre inébranlables sur nos terrains respectifs.

Mais si le prince a conservé depuis lors quelque estime pour mon caractère, quelque affection pour ma personne, de mon côté, je ne dissimulai jamais l'opinion que j'emportai sur les qualités rares dont la nature l'avait doté, et que semblent développer les obstacles ainsi que chaque crise qu'il provoque. N'en avons-nous pas en ce moment sous nos yeux les plus éclatants témoignages?

L'une des qualités dominantes chez le prince est la persévérance, que favorisent si éminemment le calme le plus imperturbable, une profondeur, un mystérieux à la Louis XI.

Ces qualités si précieuses et si peu ordinaires, quand elles se concentrent dans un cœur fortement trempé, font bouillonner le cerveau, inspirent de grandes choses, font méprfser les dangers, affronter les tempêtes.

En 1840, je me reposais de mes fatigues de conjuré de Henri V dans l'une des plus gracieuses villas du bois de Boulogne. Je m'y livrais aux douces jouissances de famille si souvent troublées depuis lors, car ma tâche politique et OFFICIELLE n'était point encore remplie. J'assistais, en voisin de charmilles, aux tendres épanchements de l'un des ministres les plus austères du roi dont je sapais le piédestal depuis dix ans. J'assistais aux roucoulements de ce tourtereau de cinquante-huit ans avec une tourterelle de soixante, et déjà célèbre en Europe; je souriais, du milieu d'une touffe épaisse de lilas, aux agaceries amoureuses de ce puritain génevois. J'étudiais, à la faveur d'une lampe merveilleuse dont le reflet frappait d'aplomb sur le visage de la belle étrangère, j'étudiais, dis-je, à la faveur de l'astre des amants, en ce moment dans toute sa splendeur, les émotions de cet intermède amoureux, lorsque je m'entendis appeler dans le jardin. Il était neuf heures du soir et je ne saurais dire ce qui se passa après le baiser dont je fus témoin...

HONNI SOIT QUI MAL Y PENSE!

Je rentrai chez moi et y trouvai le comte d'A..., l'un de mes anciens camarades de la garde royale, chargé de me demander un rendez-vous de la part d'un émissaire du prince Louis-Napoléon, alors à Londres, où il projetait une revanche de la tentative infructueuse de Strasbourg.

C'était le 20 juin 1840, c'est-à-dire six semaines avant la réalisation de cette tentative nouvelle.

Ce rapprochement avec mes conversations de Thoun, cinq semaines avant celle de Strasbourg, me frappa; j'assignai donc à l'ambassadeur du prétendant napoléonien un rendez-vous pour le lendemain dans le jardin des Tuileries, et, sous l'ombrage de ses maronniers séculaires, en quelque sorte sous les yeux de Louis-Philippe, eut lieu l'entretien dont je vais révéler, également pour la première fois, les curieux mystères.

Je trouvai, en effet, à l'heure indiquée, dans la grande allée des

Orangers, M. de ***, dont le frère avait été mon camarade dans la ligne.

« — Monsieur de Mauduit, me dit l'ambassadeur du prince Louis, en m'abordant affectueusement, je suis chargé de la part du Prince, d'avoir avec vous un entretien au sujet d'une communication importante, et je vous remercie, en son nom, de votre empressement à me l'accorder.

« — J'ai conçu de l'affection pour le jeune prince, répondis-je à M. de ***, depuis qu'un heureux hasard me le fit rencontrer à Thoun en 1836; je me rends donc avec plaisir à votre invitation, et je serai heureux d'être agréable au prince, si toutefois la chose est en mon pouvoir.

« — Rien ne vous est plus facile, reprit M. de ***, cela ne dépend que de vous. »

M. de ***, me rappelant alors mes entretiens avec le prince Louis, à Thoun, et l'estime qu'il en avait conservée pour mon caractère, entra immédiatement dans le sujet de la mission toute spéciale dont il se dit chargé près de moi.

« — Le prince Louis, me dit en débutant son ambassadeur, connaît votre action sur les masses de l'armée, par ce dévouement inébranlable que vous déployez pour leurs intérêts et leurs droits.

« Il sait également toutes vos antipathies personnelles pour Louis-Philippe et son gouvernement, ainsi que vos efforts pour arriver à les culbuter.

« Le prince, vous le savez, est aussi son ennemi naturel, puisque, par sa naissance, il se croit des droits au trône, et qu'il persiste à les revendiquer malgré son premier échec de Strasbourg; il m'a donc confié la mission toute spéciale de vous voir et de réclamer votre concours à sa prochaine tentative.

« — Je suis touché, monsieur, de ce nouveau témoignage de la haute confiance du prince Louis, et répondrai en franc et loyal soldat à ses confidences, alors même que je ne croirais pas plus devoir m'associer à ses projets futurs que je ne crus pouvoir participer à ceux de Strasbourg, auxquels il me convia.

« — Les circonstances ne sont plus les mêmes, reprit M. de ***; les chances d'aujourd'hui sont plus favorables que les premières; encore furent-elles au moment d'obtenir un succès complet.

« — Je le sais, monsieur, et il n'est pas douteux qu'avec un peu plus de résolution et d'intelligence que n'en montrèrent les conjurés du prince, le mouvement de Strasbourg eût pu réussir et renouveler le 20 mars, parce que, sur ce point, se trouvaient une population sympathique, une armée nombreuse et favorablement disposée ; mais telles ne sont pas les conditions d'une tentative sur les côtes de la Manche.

« — C'est vrai, monsieur de Mauduit; mais aussi le prince a-t-il complété, par d'autres éléments, ce qui lui manquait à Strasbourg ; je vais vous en donner la preuve.

« — Le prince ne se fait-il pas encore des illusions, monsieur, sur ses chances ? car, aux yeux de bien des gens, un premier échec doit inspirer de la défiance, ou tout au moins une réserve fâcheuse en pareilles conjonctures, où il faut tant de zèle, tant de foi et tant d'audace.

« — Le gouvernement de Louis-Philippe, reprit M. de ***, a commis bien des fautes depuis 1836, semé plus d'un germe de mécontentement et de désaffection dans le public comme dans l'armée; et pour ce qui concerne celle-ci, vous en développez chaque jour, avec une grande habileté, toutes les conséquences; c'est cette tactique, qui n'a point échappé à l'attention du prince, votre fidèle abonné, qui m'a fait détacher auprès de vous.

« — Le prince connaît en effet, monsieur, mon but aussi bien que mes sentiments politiques. Je préférerais, sans nul doute, voir aux Tuileries un neveu de l'Empereur qu'un fourbe comme Louis-Philippe; mais ayant engagé ma foi au principe de l'hérédité monarchique, je ne puis consciencieusement, et tant que je ne me croirai pas dégagé de mon serment, agir dans l'intérêt d'un prétendant autre que Henri V, quels que puissent être d'ailleurs mes souvenirs et mes affections antérieurs.

« — Je sais, monsieur de Mauduit, que tous vos efforts comme tous vos sacrifices tendent au rétablissement de la monarchie légitime; moi aussi je fus pendant longtemps l'un des plus fervents apôtres de ce principe, mais je le crois bien loin des sympathies des masses, qui ne verraient, dans sa résurrection, que le retour à la dîme, aux droits féodaux, au despotisme du clergé et de la noblesse de cour.

« — Ah ! monsieur de ***, vous avez trop d'élévation dans les sentiments et trop d'intelligence pour croire sérieusement à de pareilles billevesées politiques !...

« — Certainement je suis bien loin de croire à de telles aberrations; mais comment les déraciner de l'esprit de ces mêmes masses après cinquante années de prédications incessantes et sous toutes les formes?... Là seront pour longtemps encore, sinon pour jamais, les principales barrières opposées à Henri V, et je doute que le dévouement de ses amis, quelque méritoire et zélé qu'il soit, puisse les surmonter. Or, dans de semblables impossibilités ne serait-il pas préférable de reporter ce même dévouement sur un autre principe politique qui a conservé une popularité dont les gouvernements ne peuvent plus se passer à l'époque où nous vivons?

« Le représentant de ce principe magnétique qui s'allie à la gloire comme aux tendances démocratiques du dix-neuvième siècle est aujourd'hui le prince Louis, et vous qui avez été à même de le voir et de l'entendre, vous le connaissez assez pour savoir qu'il est homme à le défendre comme à le revendiquer.

« — J'en conviens avec vous, monsieur de ***, mais si je crois à la possibilité de la réalisation de ses espérances, je doute fort qu'il lui soit jamais possible d'implanter une dynastie napoléonienne sur l'antique terre de France, à moins de la greffer sur la souche même de sa vieille monarchie.

« Je persiste donc, monsieur, dans l'opinion que j'ai émise devant le prince, à Thoun : *Qu'une épée de connétable était préférable à une couronne usurpée, l'usurpation fût-elle sanctionnée par de nouvelles assemblées primaires.*

« Je sais parfaitement toutes les objections que l'on fait ou peut faire sur la morgue de l'aristocratie de cour, sur son incapacité même. Je le déplore certes plus que personne, car ce sont là, à mon avis, les griefs les plus sérieux, les plus fondés peut-être, contre le retour de Henri V.

« Mais pourquoi n'espérerait-on pas enfin éclairer le Joas de la monarchie française sur ses véritables intérêts, comme sur les antipathies qui s'opposent au triomphe du principe qu'il représente?...

« — Cela me paraît impossible, répondit M. de ***; c'est un joug de plomb qui pèse et pèsera sur la tête de votre jeune prince, comme il pesa sur ses prédécesseurs, et sans qu'il puisse le secouer.

« — Détrompez-vous, monsieur de ***, car la noblesse de province ne veut pas plus aujourd'hui subir ce joug, que la bourgeoisie, que le clergé, que le peuple. Il faudra donc bien que Henri V rompe en visière tôt ou tard avec tous ces ridicules rejetons des *talons rouges* du dix-huitième siècle ou qu'il renonce à jamais remonter sur le trône de ses ancêtres.

« Son intérêt seul lui fera donc comprendre que si un pays ne peut se laisser gouverner par sa populace, il ne peut non plus être dirigé que par les hommes d'intelligence et de haute capacité, à quelque classe qu'ils appartiennent, et qu'il ne suffit plus, de nos jours, d'être né duc, marquis, comte ou baron, pour avoir également reçu du ciel le don de savoir diriger les autres : *Autres temps, autres mœurs.*

« — Vos espérances, monsieur de Mauduit, sont des illusions; le duc de Bordeaux voudrait-il rajeunir la politique de son parti qu'il n'en serait pas le maître, car il ne lui sera pas plus donné qu'à Charles X de connaître la vérité et sur les hommes et sur les choses.

« Les courtisans et les grands seigneurs ne se sont-ils pas déjà emparés de ses avenues? et s'ils permettent encore des audiences aux pèlerins de couleurs différentes, ils ont aussi pris leurs mesures pour arrêter toute influence qui serait de nature à nuire, à contrebalancer la leur.

« Ils ont dressé votre jeune prince à la politesse habile qui frise la rouerie, et je préférerais savoir, je l'avoue, que l'on sort parfois mécontent de son cabinet, que toujours *émerveillé*, comme on l'assure; il y a là, à mon avis, quelque chose de faux qui me tient en défiance et sur le récit des pèlerins et sur l'éducation politique du prince.

« Il n'est ni naturel, ni même moral de faire à tous le même accueil, car tous n'ont pu avoir le même mérite, le même zèle, le même dévouement à sa cause! Il y a donc là quelque chose qui *cloche*, m'ajouta M. de ***.

« — Je suis parfaitement de votre avis, monsieur de ***, au sujet de cette banalité de sourires et de bienveillance que l'on prête au prince, car si vice et vertu ne peuvent être également agréables à Dieu, dévouement, égoïsme ou félonie ne sauraient être placés sur la même ligne, même après le repentir.

« L'on peut bien créer ainsi des hypocrites, mais jamais l'on n'inspirera de dévouement vrai. Je blâme donc hautement ces obséquiosités renouvelées du seizième siècle, et dont la morale est : que l'on ne doit rien *à ses amis*, mais qu'il faut tout faire *pour ses ennemis*, n'en dût-on récolter que mécomptes et trahisons.

« — Comment se fait-il donc, monsieur de Mauduit, qu'éclairé comme vous l'êtes sur les errements dans lesquels on entraîne si fatalement votre prétendant, vous persistiez à vous sacrifier pour une cause aussi ingrate, aussi abandonnée de Dieu que des hommes?...

« — Je vous en ai donné les raisons, monsieur : je me suis voué à la défense d'un principe que je crois utile, indispensable même à mon pays, et plus aujourd'hui encore que jamais (1840) au milieu du dévergondage politique qui s'est emparé de la société française, et tant que ce principe n'aura pas triomphé, la France sera sans force, sans autorité, sans puissance, et de là au Bas Empire, il n'y a qu'un pas, et je doute qu'il soit au pouvoir d'un neveu de notre immortel Empereur d'y suppléer par ses bonnes intentions, auxquelles plus que personne je rends toute justice, ni par le seul prestige d'un nom populaire, ni par son habileté que je ne conteste pas.

« J'ai déjà vu les hommes de bien près; je les ai étudiés dans toutes les classes, dans toutes les positions, dans la rue comme dans les salons, dans les cachots comme dans les palais, et je ne vois que deux manières de les gouverner :

« 1° Par une autorité reposant sur une base incontestable, ayant pour sceptre la justice, la loyauté, l'énergie et la loi, et pour couronne, des traditions séculaires de gloire et de bienfaits.

« 2° Par le despotisme toujours armé d'un glaive.

« Le prince Louis peut-il adopter l'un ou l'autre de ces deux systèmes?... Je ne le pense pas, en raison même de sa position personnelle, et surtout avec un peuple aussi léger, aussi inconstant, aussi capricieux que le nôtre ; un peuple qui aujourd'hui foule à ses pieds, brise et mutile son idole de la veille, et le lendemain élève sur le pavois celui-là même qu'il a bafoué, maudit la veille : voilà les chefs-d'œuvre de notre civilisation vantée ! Que peut-on, je le demande, bâtir sur un sable aussi mouvant?...

« — Je ne partage pas, monsieur de Mauduit, votre opinion sur les impossibilités que vous supposez à la durée d'un pouvoir qui, d'un côté, s'appuierait sur le souvenir de la gloire impériale, et de l'autre sur une sanction populaire. Je crois au contraire que c'est aujourd'hui le seul gouvernement possible en France, au milieu même de ce dévergondage politique dont vous parlez.

« — Je persiste, monsieur, dans mes convictions que le prince Louis, malgré ses qualités supérieures, n'aura pas la puissance de surmonter tant d'obstacles, moins encore après qu'avant son avénement, en admettant le succès de sa nouvelle tentative, que je crois tout au moins hasardée.

« — Détrompez-vous, monsieur de Mauduit, le prince est certain cette fois de la réussite, car il sera secondé, non-seulement par les masses, auprès desquelles il n'a rien perdu, malgré son échec de Strasbourg, car les masses aiment, aimeront toujours les caractères entreprenants; ni auprès de l'armée dans laquelle il compte des amis aussi nombreux que dévoués ; et de plus il a aujourd'hui des intelligences dans la chambre des députés, comme dans le sénat, jusque dans le gouvernement lui-même!... Oui! monsieur de Mauduit, et je suis autorisé à vous donner l'assurance que M. Thiers, aujourd'hui l'un des ministres de Louis-Philippe, a accepté d'être le président des conseils du prince Napoléon. Je vous laisse à penser, d'après cela, si nous devons réussir ou non!

« — Je vais vous étonner, sans doute, monsieur de ***, par mon incrédulité, fondée justement sur ce dernier aveu *du concours* de M. Thiers, espèce de Méphistophélès, qui, ayant besoin peut-être de raffermir son crédit ou son pouvoir, aura promis à Louis-Philippe, pour prix de quelque faveur nouvelle, une perfidie nouvelle à l'égard de ses compétiteurs. Ainsi la promesse de concours de ce macaque révolutionnaire n'est qu'un piége, qu'un guet-apens, et je vous conjure, monsieur de ***, de faire part au prince Louis de mes impressions, de mes convictions à ce sujet.

« Après l'enlèvement de madame la duchesse de Berri, au prix d'un million et d'une indigne rouerie, quel plus beau titre de gloire pour un homme d'État du calibre de M. Thiers que l'enlèvement d'un neveu de l'Empereur au prix d'une trahison!... Les lauriers d'Ettenheim troublent le sommeil du disciple de Talleyrand ; de grâce donc, monsieur, rendez au prince l'immense service de renoncer, quant à présent, à son entreprise, sous de pareils auspices; il sera pris au trébuchet, lui et tous ses amis!... »

Telle fut, en substance, cette entrevue du 21 juin 1840, qui dura plusieurs heures. Six semaines après, — le 8 août, — les événements ne me donnaient encore que trop raison, quant à la tentative projetée, car le prince Louis et tous ses conjurés tombaient dans les embûches de M. Thiers, malgré le décret qui l'avait nommé *premier ministre* du prince prétendant.

Le guet-apens n'avait que trop bien réussi ; je n'avais que trop bien pressenti ce dont était capable ce petit roué qui trahirait successivement ami, père, mère et Dieu pour rattraper son pouvoir perdu ou chancelant. De tels hommes ne sont-ils pas des fléaux pour la société, assez naïve pour se laisser prendre aux paroles flûtées de pareilles sirènes ?...

LIVRE QUATRIÈME

Précurseurs de l'orage. — Gravité de la situation. — Anxiété cruelle des généraux et des chefs de corps. — Esprit des soldats. — Vacances du Parlement. — Trève et menaces. — Mon entretien avec M. Émile de Girardin. — Ses conséquences. — Initiative hardie du colonel du 1er régiment de lanciers. — Fête militaire. — Toasts de circonstance. — Rentrée du Parlement. — Brûlots.

CHAPITRE IX

Chaque jour la situation se tendait davantage; la rupture entre les deux pouvoirs rivaux était imminente, le plus léger prétexte pouvait provoquer un éclat; on se jetait réciproquement des défis aigres-doux, comme ces écoliers qui se montrent le poing, jusqu'à ce qu'enfin la colère l'emporte chez l'un des deux champions et lui fasse enlever de l'épaule de l'autre le fétu de paille à qui tient la déclaration de guerre.

C'était heureusement l'heure pour les écoliers parlementaires d'aller en vacances; grâce à cette circonstance l'orage se calma, mais le germe subsistait; vingt-cinq écoliers, sous le titre révolutionnaire de *commission permanente*, n'étaient-ils pas restés comme pomme de discorde? Il y avait trève, mais nulle part désir de conciliation; le génie de la conjuration disposait ses arsenaux, méditait ses plans d'attaque. Les écoliers s'étaient séparés le chapeau sur l'oreille comme des fanfarons, en toisant d'un œil dédaigneux, provocateur même, le camp opposé. Le gant sera relevé au retour.

Telle était la véritable situation des deux pouvoirs au jour des vacances parlementaires; mais ce qui rendait cette situation des plus graves, c'était l'anxiété cruelle qu'elle avait jetée dans tous les esprits, et particulièrement parmi les généraux et les colonels de l'armée de Paris. La plupart cherchaient et se demandaient où se trouverait pour eux le devoir, le jour de la déclaration de guerre; j'en fus bien souvent le témoin dans mes rapports intimes avec bon nombre de mes anciens frères d'armes qui, depuis la victoire, se sont montrés pleins de zèle et d'ardeur, et n'étaient rien moins que des crânes politiques six semaines avant... J'en pourrais citer plus d'un exemple, mais à quoi bon? il faut leur laisser leur part d'avoir contribué, en quelque sorte malgré eux, à sauver du naufrage le navire social.

Dupes des mots sonores de *légalité*, de *souveraineté parlementaire*, qui retentissaient partout à leurs oreilles, dans les estaminets et particulièrement dans les salons, leur intelligence en était troublée, leur cœur perdait de son énergie, l'inquiétude s'y était introduite.

Vingt généraux du parlement leur répétaient sans cesse que le donjon de Vincennes était prêt à recevoir le premier d'entre eux qui oserait porter la main sur l'*arche sainte*, et prêterait le concours de son bras et de son épée à un nouveau Cromwell; et comme le courage civil n'a pas toujours été la vertu dominante chez le général français, il en résultait une indécision que la plupart ne dissimulaient même pas.

C'était donc à qui n'attacherait pas le grelot, tout en reconnaissant les dangers de la situation. Que de fois n'ai-je pas été dans le cas de rassurer plus d'un personnage militaire, et sur ses scrupules et sur les conséquences d'un futur 18 brumaire! J'en appelle aux souvenirs de plus d'un vainqueur du 4 décembre...

Il ne fallait donc rien moins que l'arrivée à Paris de deux hommes déterminés pour couper court à toutes ces incertitudes en assumant sur leur tête toute la responsabilité d'une bataille que les soldats désiraient bien plus ardemment que leurs chefs; je leur dois cette justice et cet hommage.

Nous étions à la mi-septembre. Chargé par des amis d'obtenir de M. Émile de Girardin l'insertion dans *la Presse* d'un article qui les intéressait, je me rendis chez ce célèbre publiciste, et là, pendant près d'une heure, nous eûmes un entretien très-sérieux sur la situation et sur les moyens de la dominer. Plusieurs de ses questions me surprirent, j'en augurai un changement prochain dans sa politique.

Je le trouvai assez disposé à faire bon marché de l'inviolabilité de la constitution, et même du parlement, dont il était cependant l'une des 750 fractions.

Ses appréciations sur le caractère, sur la capacité du président de la république, me parurent bien modifiées, plus justes et plus vraies que celles émises si souvent par lui dans sa polémique et dans ses paroles.

D'où provenait ce revirement? Je ne cherchai point à l'approfondir, mais je le constatai avec d'autant plus de plaisir que je voyais un homme d'une habileté incontestable entrer complétement dans les appréciations que je ne cessais d'émettre depuis longtemps et sur les hommes et sur les choses.

M. de Girardin voyait sombrer le navire républicain, et n'étant pas chargé d'en tenir le gouvernail, il lui était permis de songer à échapper au naufrage en laissant faire qui voudrait s'attacher à la barre.

Cet entretien fut pour moi un trait de lumière. Ainsi, pendant que, d'un côté, je remarquais du vague et de l'inquiétude parmi certaines sommités, je voyais l'un des apôtres les plus fervents de la démocratie républicaine prêt à se ranger sous les aigles d'un César.

Quand le vieux rat abandonne sa crypte souterraine, l'écroulement n'est pas loin!...

Le mois d'octobre étant l'époque habituelle des changements de garnison, les quatre régiments d'infanterie les plus anciens de l'armée de Paris, ainsi que les deux régiments de cavalerie furent remplacés par quatre régiments arrivés récemment de Rome ou d'Afrique, et par deux régiments de lanciers, en même temps que l'on appelait, à la tête de cette belle armée, des généraux d'une haute capacité militaire, et d'une énergie éprouvée.

Aimant à étudier la marche des événements dans leur ensemble, comme dans leurs circonstances les moins importantes en apparence, je remarquai avec une joie secrète la pensée dirigeante de cette opération préliminaire, et particulièrement la réunion simultanée à Paris de deux régiments de lanciers, dont l'un s'était déjà si franchement déclaré pour le président de la république, lors de la célèbre revue de Satory.

Dès ce moment, je ne mis plus en doute la prochaine exécution d'un coup d'État; car qui veut la fin doit en vouloir les moyens, ce qui ne fut jamais la maxime gouvernementale des Bourbons, témoin le coup d'État de juillet 1830.

Il est d'usage de politesse militaire que les corps d'officiers reçoivent leurs frères d'armes arrivants en signe de cette fraternité qui n'existe réellement que sous l'uniforme. Le colonel du 1er régiment de lanciers, si remarquable à tous égards, sollicita de l'autorité supérieure l'autorisation d'offrir, au café des Mille-Colonnes, un punch aux corps d'officiers du 7e de lanciers et de l'escadron des guides attaché à la brigade de cavalerie de Paris, ainsi qu'aux officiers d'état-major, d'artillerie et du train des équipages.

Cette autorisation ayant d'abord été refusée, pour des motifs que je n'ai point à examiner, le colonel de Rochefort ne renonça pas néanmoins à une réunion de famille qu'il croyait utile, peut-être même urgente, dans l'*état vaporeux* des esprits. A cet effet il demanda et obtint enfin l'autorisation de disposer des vastes appartements de l'École Militaire, qui ne sont point occupés, les fit décorer de tentures, de drapeaux et de trophées, et convia à cette fête militaire tous ses frères d'armes de Paris.

C'était le 31 octobre 1851. La pensée dominante de cette réunion était de cimenter une solidarité en harmonie avec la gravité des événements qui s'annonçaient.

Il appartenait au 1er régiment de lanciers, en raison de son initiative de Versailles, d'entrer le premier dans la lice des manifestations contre les dangers de toutes les intrigues du Parlement qui se croyait de taille à s'emparer du pouvoir suprême, comme à le disputer ensuite aux socialistes. Orgueilleux Parlement!... Les socialistes l'eussent dévoré dans six mois si, par compassion pour lui, le président de la république ne se fût contenté de le chasser.

Cette soirée militaire fut des plus franches, des plus cordiales, et s'écoula au milieu des fanfares et des toasts.

Toutefois, quelques esprits timorés, et toujours sous la paralysante influence que j'ai signalée plus haut, cherchèrent à détourner le colonel de Rochefort de prononcer son toast d'ouverture, signal de la charge à fond contre les anarchistes, leurs adhérents et leurs meneurs.

Rien ne put arrêter la détermination hardie du colonel du 1er de lanciers, il fallait engager le combat et brûler ses vaisseaux. Voici donc la harangue qui précéda la charge que couronna plus tard la victoire du 4 décembre qui terrassa pour longtemps sans doute l'hydre révolutionnaire :

« Rendons grâces, Messieurs, aux vieilles traditions de l'armée; nous leur devons la satisfaction de fêter aujourd'hui nos camarades du 7e de lanciers et nos bons camarades de l'artillerie et de l'état-major qui nous ont si bien accueillis à notre arrivée à Paris. Rendons grâces à ce véritable esprit de corps, qui, sans distinction de numéro ou d'uniforme, sait faire une même famille de l'armée tout entière. Oui, Messieurs, c'est à ce sentiment de fraternité militaire qui nous réunit tous ici, qui fait de tout soldat l'ami, le frère d'un autre soldat, que l'armée a dû de pouvoir traverser, sans être entamée, la période difficile dont le souvenir n'est pas encore effacé. Si l'affection entre les différents corps de l'armée est si sincère, si solide, c'est qu'elle repose sur une estime réciproque, sur l'habitude de dangers affrontés avec le même courage, ou de peines partagées avec le même dévouement. Félicitons-nous donc, Messieurs, de nous trouver tous réunis ici, sous l'inspiration de cette généreuse pensée : si elle nous donne la joie et la sécurité dans le présent, c'est à elle que nous devons aussi demander confiance dans l'avenir.

« Je bois au 7e de lanciers et à son colonel!... Je bois à tous nos camarades de l'artillerie, de l'état-major, des guides, à tous ceux enfin qui ont bien voulu se réunir à nous pour les fêter. Je bois à l'union de l'armée.

« Mais avant toutes ces santés, Messieurs, je vous demanderai de porter avec moi celle de l'homme que son courage, sa loyauté, son inébranlable fermeté, ont fait, en quelque sorte, la personnification de l'ordre dont nous sommes les défenseurs : nous boirons à celui qui nous facilite si bien la tâche que nous devons accomplir : *Au prince Napoléon, au chef de l'État !* »

M. le colonel Féray, du 7e de lanciers, prit, à son tour, la parole en ces termes :

« Interprète du 7e de lanciers, Messieurs, je remercie nos camarades du 1er et tous les corps de cavalerie de la garnison de Paris, de l'accueil si cordial, si bienveillant, dont ils nous ont honorés. Le 7e de lanciers, Messieurs, se félicite d'avoir à partager avec vous la tâche si patriotique, si glorieuse, de défendre l'ordre et la société.

« L'armée a été l'ancre de salut de notre pays, dans les mauvais jours que nous avons traversés; c'est à sa discipline, c'est à l'union qui règne dans ses rangs et dont elle renouvelle chaque jour l'exemple si peu suivi, que l'armée a dû de rester à la hauteur de la tâche qui lui était imposée.

« Gardons, Messieurs, ces nobles sentiments, gardons ce précieux dépôt que nous ont légué nos aînés, et qu'il nous soit aussi sacré que notre tâche elle-même, car c'est en lui que nous puiserons toujours non-seulement le sentiment de notre véritable devoir, mais aussi les moyens de l'accomplir dignement.

« Je bois au 1er de lanciers, à son colonel, à tous les corps de cavalerie de la garnison de Paris!... »

On se sépara à minuit, en se donnant rendez-vous sur le premier champ de bataille qu'offrirait l'armée rouge.

CHAPITRE X

Nous voici au 4 novembre, jour solennel de la rentrée des vacances. Chacun se présente à la vaste salle d'étude en carton-pierre, et va s'y placer sous la férule du président perpétuel de la pédagogie parlementaire.

Silencieuse, triste et sombre d'abord, comme le temps au moment d'un orage, un sourd bourdonnement se fait bientôt entendre, l'agitation redouble de minute en minute, à mesure que les couloirs se dégorgent des arrivants qui s'y donnent l'accolade fraternelle. Tous portent à la main un rouleau qu'ils déposent sur la table aux mercuriales et aux pensums; ce sont des milliers de signatures illisibles, recueillies pendant la villégiature, pour ou contre la révision de la Constitution ou le rétablissement du suffrage universel, *casus belli* du moment.

A l'aspect de ces teints pourprés et riants, on croirait le fiel disparu et les nerfs revenus à leur état normal de calme. Mais il n'en est rien. Le Chambertin ni le Clos-Vougeot, le Champagne ni le Côte-Rôtie, le Sauterne ni le Frontignan, le Lunel ni le Grave, n'ont pu fondre la bile emportée de Paris; le contact de son atmosphère a suffi seul pour la remettre en fermentation : encore trois jours et la discorde sera partout.

A qui sera-t-il donné de la calmer et de mettre à la raison tous ces collégiens sexagénaires et autres?... C'est ce que je vais raconter.

Dans le courant du mois de mai, le hasard fit tomber entre mes mains un rapport d'ensemble sur les menées des sociétés secrètes et démagogiques du Midi, du Centre et de l'Est de la France; ce rapport, parfaitement rédigé, donnait jusqu'aux noms, adresses et professions de tous les principaux conjurés de chaque localité, depuis Toulon jusqu'à Lyon, depuis Montpellier jusqu'à Bayonne et Bordeaux. Ce rapport, par toutes ses révélations, faisait dresser les cheveux, imposait d'impérieux devoirs au gouvernement; il ne s'agissait de rien moins que de sauver la société tout entière du plus effroyable cataclysme. Ce rapport, je l'ai tenu dans les mains, médité profondément, et je regrette de n'en avoir pu prendre copie : il prouverait, à qui doute encore des projets sauvages de 1852, ce que des hommes qui se disent Français se proposaient de faire de la France!...

Et le Parlement, au milieu de ses intrigues, de ses divisions intestines, avait l'orgueil ou l'ingénuité de viser à la dictature souveraine, et de se croire capable de préserver la France de la jacquerie qui la menaçait!...

Une volonté unique, un caractère que rien ne rebute, une armée dans la main, pouvaient seuls sauver la France, le Parlement lui-même.

Mais, avant toutes choses, il fallait assurer à cette volonté unique, à ce caractère inébranlable, à cette main armée, les sympathies des masses honnêtes, en reconquérant la popularité du suffrage universel, si mutilé au profit de l'Orléanisme par la loi du 31 mai.

Ce fut donc la première démarche gouvernementale à tenter contre l'hostilité systématique du Parlement.

Le Président de la République la fit; le Parlement ne la repoussa qu'à la simple majorité de 3 voix.

Cet échec, quelque peu grave qu'il fût, dénotait néanmoins une opposition réelle aux vues protectrices du Prince président.

Mais une sorte de vertige ayant inspiré aux questeurs, comme au président Dupin qui, de sa main, avait corrigé leur proposition, une déclaration de guerre directe au pouvoir exécutif, le prince

Napoléon dut se mettre en mesure de relever le gant et de rester maître du champ de bataille.

Le Prince se mit donc à passer successivement en revue et par brigades la belle et solide armée de Paris, à la préparer au rôle si important, si décisif auquel il allait bientôt peut-être l'appeler, dans l'intérêt du pays plus encore que dans celui d'une ambition dont on l'accusait dans le Parlement.

Toutes ces mesures prises, arrêtées dans leur ensemble comme dans leurs détails, le Prince attendit de pied ferme.

DEUXIÈME PARTIE

LIVRE CINQUIÈME

RÉVOLUTION MILITAIRE DU 2 DÉCEMBRE

Illusions de la majorité parlementaire sur sa puissance et sa popularité. — Mes entretiens à ce sujet. — Interpellations du général Bedeau. — Riposte du général Saint-Arnaud. — Exclamations de la Montagne. — Aplatissement du Parlement. — Triomphe du pouvoir exécutif. — Urgence du coup d'État. — Une fausse alerte.

CHAPITRE XI

Telle était néanmoins l'illusion de la majorité sur sa puissance et sa popularité, que c'était à qui taxerait d'extravagance toute tentative d'un dix-huit brumaire. Que de fois, dans mes entretiens avec bon nombre des personnages importants de cette majorité, n'ai-je pas cherché à leur arracher le bandeau qu'ils persistaient à vouloir conserver pour ne pas voir la vérité de leur situation politique!...

— Il y a quelque chose de sacré, en France, pour le soldat, me répondit un jour le général ***, l'un des chefs éminents de cette majorité, c'est sa consigne; or, il saura la remplir en nous protégeant, en se faisant même tuer pour nous.

— Oui, sans doute, mon cher général, le soldat de service vous défendra contre l'attaque d'une émeute, fût-elle même soutenue par la garde nationale; mais ne comptez pas sur lui pour se battre contre des régiments qui marcheront contre l'Assemblée, qui a eu le tort irréparable de blesser profondément l'armée par des paroles grossières jetées du haut de sa tribune ; l'armée ne les lui pardonnera jamais !...

C'est donc encore une bien grande illusion, sinon une imprudence et une faute, que la proposition des questeurs, qui n'aura d'autre résultat, à mon avis, que d'avoir jeté insolemment un défi que vous n'êtes point de taille à soutenir jusqu'au bout, parce que, je vous le répète, l'armée ne vous obéira pas.

— Nous aurons une majorité imposante, me répondit le général ***, pour cette proposition ; et l'armée alors obéira aux chefs que lui désignera l'Assemblée !...

— Je parie le contraire, mon cher général, et je ne vous conseille pas d'en tenter l'expérience. Vous savez que je connais mieux que personne les sentiments du soldat, et j'affirme qu'ils ne vous sont nullement favorables !...

— Nous enverrons à Vincennes le président de la république et tous ses adhérents, s'écriait un autre jour devant moi un chef de la Montagne, à la première velléité d'un coup d'État partant de l'Élysée !...

— Prenez garde d'y aller vous-même avant lui, répondis-je ; et vingt jours après il expiait sa présomption à Mazas !

Mais pendant que montagnards, légitimistes et orléanistes se drapaient ainsi dans leur importance chimérique, la plupart des chefs de corps faisaient arracher de leurs quartiers respectifs les consignes de la Constituante concernant les réquisitions directes du président de l'Assemblée nationale. Cette initiative énergique, hardie même, de quelques généraux et colonels, faillit provoquer un éclat révolutionnaire dans l'Assemblée, lorsque, à une interpellation du général Bedeau au ministre de la guerre, le généra de Saint-Arnaud riposta carrément « que cette consigne étant, depuis longtemps tombée en désuétude, il avait donné l'ordre de l'enlever partout, pour que jamais un doute, une hésitation n'en pût résulter pour un soldat dans l'accomplissement de son devoir militaire !... ».

A ces paroles retentirent, sur les bancs de la Montagne, de violentes exclamations ; des menaces même de mise en accusation immédiate du général de Saint-Arnaud furent proférées ; l'Assemblée recula, mais la guerre était déclarée.

Le ministre de la guerre descend de la tribune et se rend aux

Tuileries. De ce quartier-général de l'armée de Paris, partit aussitôt pour tous les généraux la défense écrite et formelle d'obéir à toute réquisition qui pourrait leur être faite au nom de l'Assemblée.

C'était le 17 novembre. Jour d'aplatissement pour l'Assemblée et de triomphe pour le Pouvoir Exécutif.

CHAPITRE XII

Un de mes amis ayant fait remettre une note au général en chef sur la situation et l'urgence d'un coup d'État, j'étais impatient de connaître son opinion sur des sentiments qui étaient les miens depuis bien des mois.

Je me rendis donc chez le général Magnan le jeudi 27 novembre vers midi ; mais, arrivé devant le guichet de l'Échelle, j'aperçus dans la cour des Tuileries plusieurs ordonnances de lanciers tenant en main des chevaux avec harnachement de généraux.

Je me rappelai que chaque semaine il y avait chez le général en chef une conférence de tous les généraux de division et de brigade de l'armée de Paris ; et en effet, peu d'instants après, je vis sortir du quartier-général successivement et tous en tenue, en écharpe et chapeau galonné, tous les généraux.

Lorsque je les supposai tous descendus, je montai à mon tour chez le général Magnan, mon ancien frère d'armes de la garde impériale et de la garde royale, et là, pendant vingt minutes nous nous entretînmes de la gravité de la situation qui ne permettait plus d'hésitation sur un parti décisif ; qu'il fallait ou que le Parlement se déclarât *Convention*, ou que le Président de la République fît un second dix-huit brumaire au profit de la société menacée d'une destruction complète, si une main vigoureuse, habile, n'intervenait à temps.

— Avez-vous lu et médité, mon cher général, la note qui vous a été remise, il y a quelques jours, sur la situation politique du pays ?...

— Oui, mon cher de Mauduit, reprit le général, et, ouvrant l'un des tiroirs de son bureau, il me la montra avec les quatre pages d'observations qu'il y avait ajoutées, et dans lesquelles il répondait avec une grande lucidité et une très-haute intelligence à la note en question.

— Les événements se précipitent, mon cher général; prenez garde d'être pris en flagrant délit par des adversaires plus lestes ou plus audacieux!... La lutte est, à mon avis, imminente entre les deux pouvoirs qui se disputent la suprématie, et si le pouvoir exécutif ne se hâte pas de profiter de tous ses avantages présents, dans un mois, il sera trop tard, et vous serez tous à Vincennes, pour vos étrennes!

— J'ignore quels peuvent être à ce sujet les projets du Président de la République, reprit le général, mais si je reçois l'ordre de dissoudre le Parlement, je l'exécute à l'instant; il a déclaré les hostilités et je suis prêt à relever le gant; il nous mènerait droit à l'anarchie!

— Bravo! mon cher général, repris-je, mais entrez en campagne au plus vite, il y va du salut du pays, et vous l'avez bien compris.

Je serrai la main au général, en le félicitant sur la détermination que je persistais à considérer, plus que jamais, comme la seule solution possible, pour éviter à la France de plus grands malheurs que la prétendue violation d'une Constitution mort-née, et qui, d'ailleurs, ne méritait certes pas plus de respect que *ses grand'-mères*, qui toutes, sans exception, avaient été violemment déchirées et traînées dans le sang et dans la boue.

En sortant du quartier-général, je ne mis plus en doute le succès du coup d'État et sa très-prochaine exécution.

CHAPITRE XIII

Les paroles énergiques qu'avaient prononcées devant moi le général Magnan, rapprochées de ma dernière soirée passée chez le général Leflô, quelques jours avant, ne permettaient plus de douter de l'imminence du conflit entre les deux pouvoirs.

Je rentrai donc très-préoccupé de ces graves conjonctures dont l'issue n'était pas du reste une question pour moi : *la victoire serait pour le pouvoir exécutif.*

Je me couchai et m'endormis avec la pensée intime qu'à l'un de mes prochains réveils j'apprendrais la solution de ce grand problème politique.

Ayant, pendant mes longues captivités, contracté l'habitude de travailler au lit, j'y tenais encore la plume, lorsque, le vendredi matin, vers dix heures et demie, trois coups de canon précipités se firent entendre dans la direction même du palais Bourbon.

Quelques secondes après, trois autres détonations également précipitées frappèrent mon oreille.

— Ah ! me dis-je, c'est le général Leflô qui exécute son plan, celui d'appeler la population de Paris au secours de l'Assemblée, contre laquelle marche le prince Napoléon, à la tête des troupes, qui veulent en finir avec cette réunion de bavards et d'intrigants de toutes les couleurs !...

Je me levai brusquement et courus à ma croisée, en interpellant mon voisin, comme moi vieux soldat de la garde impériale, et, comme moi aussi, naufragé de Waterloo.

— En effet, me dit mon ancien frère d'armes, ce n'est pas ainsi que s'exécutent ordinairement de simples exercices à feu au Champ-de-Mars. Il y a là quelque chose d'extraordinaire; je vais courir aux nouvelles et viendrai vous les transmettre.

Aux détonations de l'artillerie, succédèrent bientôt les fusillades de l'infanterie, qui de minute en minute étaient accompagnées par des obusiers ou des canons.

Ce feu roulant, image vraie d'un combat sérieux, dura ainsi pendant près d'une heure, et cessa tout à coup.

— La bataille est gagnée, me dis-je : pourvu que le général Leflô ne se trouve pas au nombre des morts ! car certes il a dû être le dernier à quitter son poste.

J'étais plongé dans ces tristes préoccupations, lorsque mon voisin vint m'annoncer, en toute hâte, que c'était la brigade du général Marulaz qui manœuvrait au Champ-de-Mars, et qu'elle avait passé sur le quai de la rive droite, à 9 heures. Cette nouvelle me rassura sur le compte de mon cousin le général Leflô, mais ne changea en rien mon opinion sur la prochaine déroute de l'Assemblée dite nationale.

LIVRE SIXIÈME

Coup d'État du 2 Décembre, anniversaire d'Austerlitz. Ses préludes et son exécution; mes prédictions au général Leflô; ses illusions et ses déceptions. — La vérité sur son arrestation. — Proclamations. — Décrets. — Arrestations. — Attitude de l'armée. — Scènes parlementaires. — Courage civique du président Dupin. — Physionomie de Paris pendant la journée du 2 Décembre. — Provocations fanfaronnes de la fashion omnicolore. — Adhésion et calme de l'ouvrier. — Une étrange rencontre. — Amour fraternel de deux jeunes femmes. — Velléités démagogiques. — Rentrée de chacun chez soi. — Paris redevenu silencieux.

CHAPITRE XIV

LUNDI 1er DÉCEMBRE

La journée du dimanche, consacrée à l'élection du représentant qui devait remplacer le général Magnan, s'était passée au milieu du calme le plus profond; aucune manifestation n'avait eu lieu à l'occasion du scrutin, les partisans du suffrage universel avaient borné leur opposition à la loi du 31 mai, à une simple abstention, et le tiers seul des électeurs avaient retiré leurs cartes, ce qui laissait du doute sur la validité de l'élection de M. Devinck, candidat qui, seul, paraissait devoir réunir le nombre de voix voulu.

La matinée du lendemain, 1er décembre, se fit également remarquer par l'indifférence la plus complète de la part de la population parisienne, au sujet de cette élection; mais, vers une heure de l'après-midi, une certaine émotion se fit sentir sur les boulevards à la vue d'un nombre extraordinaire d'ordonnances de lanciers, galopant, et souvent par groupes de deux et trois.

On s'interrogeait sur les causes de ce mouvement inusité, mais personne ne pouvait s'en rendre compte ; et, vers trois heures, la foule était nombreuse et avide de connaître le mot de l'énigme. C'était, dit-on, le moyen mis en usage par l'Élysée pour avoir plus promptement le résultat du scrutin, qui, sans doute, devait servir de ligne de conduite au Président de la République pour ses projets ultérieurs.

M. Devinck ayant réuni environ cinquante mille voix, son élection était validée.

Il y eut soirée à l'Élysée, comme à l'ordinaire, et rien n'y transpira de ce qui devait se passer quelques heures plus tard ; la physionomie du prince Napoléon avait conservé tout son calme, toute son impassibilité habituelle, et cependant que de choses devaient agiter, en ce moment, son esprit et son cœur, et qu'il faut savoir être maître de soi pour ne rien laisser transpirer en pareilles conjonctures !... Jouer sa tête sur un coup de dé, et ne rien laisser apercevoir de l'agitation de son âme, annonce une force de volonté qui doit assurer le succès à qui en est doué.

A minuit chacun se retira, bien loin de s'attendre au réveil qui lui était réservé. . . . .

. . . .

Le palais du Président de la République était silencieux ; il ne restait plus d'éclairé que ce qui doit l'être, toute la nuit, pour le service des rondes ; l'on n'entendait plus que le pas cadencé des patrouilles et les *qui vive* des factionnaires appelant au mot de ralliement le chef de ces patrouilles. Tout le quartier dormait du sommeil le plus profond, quatre hommes seulement ne dormaient pas :

Le prince Napoléon,

Le général de Saint-Arnaud,

M. de Morny,

Et le préfet de police, M. de Maupas.

Quel moment solennel pour le Prince et pour ses trois confidents !... Et l'on ne sait ce que l'on doit le plus admirer de l'audace du projet ou de l'habileté de son exécution.

La plus légère maladresse, une parole indiscrète pouvait tout compromettre. Il y allait pour tous quatre de la vie ou de la mort, car la roche Tarpéienne est près du Capitole : *alea jacta est !...*

. . . .

. . . .

A cinq heures du matin, les troupes dormaient encore, lorsque tout à coup un ordre transmis à mi-voix dans chaque chambrée du camp des Invalides prescrit de prendre les armes en silence.

De son côté, le préfet distribuait à chacun de ses quarante-huit commissaires son rôle et les moyens de le remplir jusqu'au bout.

A cinq heures, le général Saint-Arnaud monte à cheval et se rend auprès des troupes destinées à envelopper le palais de l'Assemblée, ou qui se massent sur la place Louis XV, comme autour de l'Élysée.

Pendant que s'exécutaient ces dispositions militaires et que, de son côté, M. de Maupas assurait les moyens d'arrestation des soixante-dix-huit représentants ou chefs de clubs et de barricades qui devait précéder le coup de foudre, M. de Saint-Georges, directeur de l'imprimerie nationale, faisait composer sous la haute surveillance du lieutenant-colonel Béville, l'un des officiers d'ordonnance du Prince, les proclamations et décrets que je rapporterai plus loin.

Les mesures avaient été prises de telle manière que chaque compositeur était placé entre deux gendarmes mobiles, avec défense de parler à son voisin; la copie, coupée en losange, ne permettait à personne de deviner ce que l'on composait.

M. le colonel Béville, seul, rassemblait tous ces tronçons d'épreuves et les corrigeait; l'on procéda au tirage avec la même rigidité de surveillance que pour la composition.

A six heures commence l'exécution du coup d'État.

Huit personnages devaient surtout être enlevés à temps, sous peine de voir tout échouer; ces personnages étaient : les généraux :

Changarnier,

Lamoricière,

Bedeau,

Cavaignac,

Leflô;

Et le lieutenant-colonel Charras;

Ainsi que le Méphistophélès de notre siècle, M. Thiers;

Et enfin l'ennemi personnel du Président de la République, l'Orléaniste, M. Baze.

Tous les huit sont pris au lit, tant les mesures avaient été habilement concertées, vigoureusement exécutées. Car on devait les supposer tous sur leurs gardes, puisque déjà plusieurs d'entre eux avaient jugé prudent de réclamer un asile mystérieux quelques jours avant. Mais on aime tant à se faire illusion que l'on néglige même souvent de tenir compte d'avis confidentiels donnés par des amis inconnus, comme celui qui, à trois heures du soir, devant Tortoni, fut brusquement *corné* à l'oreille du beau-père du général Leflô, par un passant, qui se borna à ces trois mots sentencieux : « *onze heures-minuit* ! » M... n'en comprit d'abord ni le sens ni la portée, bien que frappé d'un aussi étrange mot d'ordre, et se borna, à sa rentrée à la questure, à plaisanter avec sa famille sur ce singulier incident ; chacun se coucha plein de sécurité, et cependant quel réveil cet avis écouté n'eût-il pas évité à cette famille entière !

Le général Leflô, homme de cœur et de résolution, avait été lancé en enfant perdu par les aigrefins et les couards de l'Assemblée, et, trop chevaleresque pour reculer en présence du danger, il se fit le promoteur d'un défi parlementaire jeté au Président de la République ; mais il eût dû assez connaître le personnel de ce Parlement pour savoir qu'il n'était pas de taille à soutenir son défi, et que lui, général, serait abandonné sur le champ de bataille, sacrifié même au besoin pour assurer la fuite de ceux qui l'avaient chargé de ce cartel.

Lié d'affection comme de parenté avec ce noble cœur, je lui représentai plusieurs fois les conséquences inévitables de son coup de tête armoricain ; et dînant chez lui, en famille, le 21 novembre, je lui annonçai « qu'il était impossible qu'avant quinze jours, il ne fût pas à Vincennes, avec plusieurs de ses confrères, à moins que le Président de la République ne préférât s'y laisser enfermer lui-même, ce qui n'était guère probable. »

On se récria d'abord sur mon étrange prédiction, qui n'était chez moi qu'une conviction de date antérieure, ainsi que pourraient l'affirmer au besoin plusieurs des généraux arrêtés le 2 décembre.

— *Qui oserait*, me dit-il, *violer le sanctuaire de la législature ?*...

— Moi ! lui répondis-je ; que le Président de la République me charge de cette mission et je l'exécute, en plein midi, avec deux bataillons !

Un éclat de rire accueillit mon exclamation.

— Je vous le dis très-sérieusement, mon cher Leflô, repris-je, et je crois assez connaître le caractère du prince Napoléon pour assurer qu'il saura vous prendre tous au trébuchet et ne se laissera pas prendre au vôtre.

— Le peuple nous protégera, et je prendrai toutes mes mesures pour qu'il soit prévenu à temps de l'attentat que vous semblez vous-même approuver à l'avance.

— Détrompez-vous, mon cher Leflô; l'Assemblée s'est trop déconsidérée, pour que le peuple prenne désormais sa défense; il sera le premier à applaudir à votre expulsion, et de plus l'armée vous fera payer, à son tour, les injures lancées de votre tribune à l'occasion des quelques rations de vin qui lui ont été distribuées après les manœuvres de Satory, ainsi qu'on l'a fait à toutes les époques, et notamment aux camps de Compiègne.

Ma conviction est telle sur votre impopularité, ajoutai-je, que je ne voudrais même pas vous faire les honneurs d'une expulsion par la force.

— Et que feriez-vous donc?...

— Le voici :

Demain paraîtrait dans *le Moniteur* et sur les murs de Paris un avis motivé qui préviendrait MM. les représentants que leurs passeports sont visés à la préfecture de police pour retourner dans leurs départements respectifs, *avec indemnité de route*, et que quatre heures leur sont accordées pour s'y conformer.

— Vous nous croyez donc tombés bien bas dans l'opinion publique pour tenir un pareil langage?

— Oui, et surtout depuis votre *aplatissement* du 17 novembre par le fait même de votre propre vote.

— Vous n'êtes guère rassurant, ni guère aimable pour nous, mon cher Mauduit, me répondit le général Leflô.

— Tenez-vous sur vos gardes, car évidemment vous devez être le premier arrêté, si, comme je le pense, le Président de la république comprend la position que vous lui avez faite.

Je me retirai à dix heures du soir, mais sans l'avoir convaincu de la possibilité de mes prévisions, car le 2 décembre, c'est-à-dire huit jours après cette conversation en famille, se passait la scène que je vais rapporter telle qu'elle a eu lieu. Elle honore son caractère personnel et prouve l'énergie de ce soldat breton ainsi que sa fatale illusion.

Vers six heures du matin, le beau-frère du général Leflô, témoin, huit jours avant, de mes pressentiments, entra brusquement dans sa chambre à coucher; le général dormait profondément, ayant passé une partie de la nuit dans les bureaux de la questure.

— Adolphe, lève-toi!...

— Pourquoi cela? répliqua vivement le général.

— Il y a là un monsieur qui te demande.

— Quel est ce monsieur?

— Je ne sais; mais la maison est pleine de soldats.

A ces dernières paroles entrait M. Bertoglio, commissaire de police.

— Général, j'ai des pièces à vous communiquer.

— Je comprends, monsieur; vous êtes conspirateur et vous venez m'arrêter.

— Je viens remplir un devoir!

— Dites un acte de trahison!

— Vous êtes accusé, général, de complot contre la sûreté de l'État.

— C'est bien!

Toute résistance était impossible, le général était nu, sans armes, et l'on entendait le cliquetis des fusils dans son antichambre.

Le général embrassa sa femme et s'habilla. Obligé de passer dans son cabinet de toilette, il en fut empêché par le commissaire de police, qui lui dit :

— Général, si vous me donnez votre parole d'honneur que vous ne tenterez pas de vous échapper, je ne vous suivrai pas.

— Non, monsieur, je ne m'engage pas vis-à-vis des traîtres! Accomplissez votre acte!

Le commissaire suivit, en effet, le général Leflô, qui se revêtit de sa tunique africaine dans l'espérance qu'il pourrait exercer encore ainsi quelque action sur des troupes favorablement disposées pour l'Assemblée, et se jeter à leur tête. Le général s'était, en effet, acquis une brillante renommée militaire sous cet uniforme.

— Où allez-vous me conduire? demanda le général... A Vincennes sans doute, pour m'y fusiller?...

Le commissaire ne répondit pas à cette question. Des cris se firent entendre dans l'antichambre : c'était le fils du général, enfant de huit ans, qui, réveillé en sursaut, se précipite, en chemise, à travers les soldats qui encombrent les appartements, parvient jusqu'à son père que l'on emmenait prisonnier, et, se jetant aux pieds du commissaire, s'écrie les mains jointes :

— Ah! de grâce, de grâce, monsieur Bonaparte, rendez-moi, rendez-moi mon père!...

En donnant à sa femme éplorée le dernier baiser d'adieu, le général lui dit à mi-voix :

— Tâche de faire tirer un coup de canon...

Ce fut sa dernière illusion.

CHAPITRE XV

MARDI 2 DÉCEMBRE

Depuis plusieurs jours je ne me réveillais jamais qu'avec la pensée fixe, irrésistible en quelque sorte, d'apprendre le coup d'État dont je prédisais, provoquais même, j'ose le dire, l'accomplissement depuis bien des mois, tant je le croyais imminent, indispensable dans la situation du pays; car, pourrie d'égoïsme, de sybaritisme et de couardise, comme l'a été la société sous le règne corrupteur de Louis-Philippe, il lui eût été physiquement impossible de tenir tête à l'orage de 1852 : la jacquerie l'eût dévorée, et le socialisme, avec toutes ses saturnales, surgissait triomphant du milieu de ses décombres et de ses cendres.

Le mardi 2 décembre, je sortis donc de chez moi à huit heures du matin pour aller aux nouvelles et parcourir les journaux.

Le calme le plus parfait régnait partout sur mon passage, depuis le quai de Montebello jusqu'au Pont-Neuf; là seulement j'aperçus huit à dix personnes groupées à l'entour de la colonne vespasienne la plus rapprochée de la rue Dauphine et lisant *en silence* trois énormes placards imprimés en papier blanc et en assez gros caractères.

Je me mêlai au groupe, et je lus sinon avec surprise, du moins avec une certaine émotion, je l'avoue, ces trois placards, réalisation de mes vœux et de mes efforts de longue date, et dont chaque jour je déplorais hautement la trop tardive exécution.

Je m'attachai d'abord à la lecture de la remarquable proclamation à l'armée que voici, et j'en augurai bien, car elle résumait, avec une rare habileté, tout ce que je n'ai cessé d'écrire ou de répéter pour l'armée depuis vingt ans :

PROCLAMATION DU PRÉSIDENT DE LA RÉPUBLIQUE A L'ARMÉE

« Soldats !

« Soyez fiers de votre mission, vous sauverez la patrie, car je compte sur vous, non pour violer les lois! mais pour faire respecter la première loi du pays, la souveraineté nationale, dont je suis le légitime représentant.

« Depuis longtemps vous souffriez comme moi des obstacles qui s'opposaient et au bien que je voulais vous faire et aux démonstrations de vos sympathies en ma faveur.

« Ces obstacles sont brisés. L'Assemblée a essayé d'attenter à l'autorité que je tiens de la nation entière; elle a cessé d'exister.

« Je fais un loyal appel au peuple et à l'armée, et je leur dis : Ou donnez-moi les moyens d'assurer votre prospérité, ou choisissez un autre à ma place.

« En 1830 comme en 1848, on vous a traités en vaincus. Après avoir flétri votre désintéressement héroïque, on a dédaigné de consulter vos sympathies et vos vœux, et cependant vous êtes l'élite de la nation. Aujourd'hui, en ce moment solennel, je veux que l'armée fasse entendre sa voix.

« Votez donc librement comme citoyens; mais, comme soldats, n'oubliez pas que l'obéissance passive aux ordres du chef du gouvernement est le devoir rigoureux de l'armée, depuis le général jusqu'au soldat. C'est à moi, responsable de mes actions devant le peuple et devant la postérité, de prendre les mesures qui me semblent indispensables pour le bien public.

« Quant à vous, restez inébranlables dans les règles de la discipline et de l'honneur. Aidez, par votre attitude imposante, le pays à manifester sa volonté dans le calme et la réflexion. Soyez prêts à réprimer toute tentative contre le libre exercice de la souveraineté du peuple.

« Soldats, je ne vous parle pas des souvenirs que mon nom rappelle. Ils sont gravés dans vos cœurs. Nous sommes unis par des liens indissolubles. Votre histoire est la mienne. Il y a entre nous dans le passé communauté de gloire et de malheur; il y aura dans l'avenir communauté de sentiments et de résolutions pour le repos et la grandeur de la France. »

Je lus ensuite la proclamation suivante que devaient sanctionner trente jours plus tard sept millions cinq cent mille suffrages, triomphe phénoménal s'il en fut :

PROCLAMATION DU PRÉSIDENT DE LA RÉPUBLIQUE

« *Appel au Peuple.*

« Français !

« La situation actuelle ne peut durer plus longtemps. Chaque jour qui s'écoule aggrave les dangers du pays. L'Assemblée, qui devait être le plus ferme appui de l'ordre, est devenue un foyer de complots. Le patriotisme de trois cents de ses membres n'a pu arrêter ses fatales tendances. Au lieu de faire des lois dans l'intérêt général, elle forge des armes pour la guerre civile; elle attente au pouvoir que je tiens directement du peuple; elle encourage toutes les mauvaises passions; elle compromet le repos de la France; je l'ai dissoute, et je rends le peuple entier juge entre elle et moi.

« La Constitution, vous le savez, avait été faite dans le but d'affaiblir d'avance le pouvoir que vous alliez me confier. Six millions de suffrages furent une éclatante protestation contre elle, et cependant je l'ai fidèlement observée. Les provocations, les calomnies, les outrages m'ont trouvé impassible. Mais aujourd'hui que le pacte fondamental n'est plus respecté de ceux-là mêmes qui l'invoquent sans cesse, et que les hommes qui ont déjà perdu deux monarchies veulent me lier les mains, afin de renverser la République, mon devoir est de déjouer leurs perfides projets, de maintenir la République et de sauver le pays en invoquant le jugement solennel du seul souverain que je reconnaisse en France, le peuple.

« Je fais donc un appel loyal à la nation tout entière, et je vous dis : Si vous voulez continuer cet état de malaise qui nous dégrade et compromet notre avenir, choisissez un autre à ma place, car je ne veux plus d'un pouvoir qui est impuissant à faire le bien, me rend responsable d'actes que je ne puis empêcher, et m'enchaîne au gouvernail quand je vois le vaisseau courir vers l'abîme.

« Si, au contraire, vous avez encore confiance en moi, donnez-moi les moyens d'accomplir la grande mission que je tiens de vous.

« Cette mission consiste à fermer l'ère des révolutions en satisfaisant les besoins légitimes du peuple et en le protégeant contre les passions subversives. Elle consiste surtout à créer des institutions qui survivent aux hommes et qui soient enfin des fondations sur lesquelles on puisse asseoir quelque chose de durable.

« Persuadé que l'instabilité du pouvoir, que la prépondérance d'une seule assemblée sont des causes permanentes de trouble et de discorde, je soumets à vos suffrages les bases fondamentales suivantes d'une constitution que les Assemblées développeront plus tard.

1° Un chef responsable nommé pour dix ans;

2° Des ministres dépendants du pouvoir exécutif seul;

3° Un conseil d'État formé des hommes les plus distingués, préparant les lois et en soutenant la discussion devant le Corps législatif;

4° Une seconde assemblée, formée de toutes les illustrations du pays, pouvoir pondérateur, gardien du pacte fondamental et des libertés publiques.

« Ce système, créé par le premier consul au commencement du siècle, a déjà donné à la France le repos et la prospérité, il les lui garantirait encore.

« Telle est ma conviction profonde. Si vous la partagez, déclarez-le par vos suffrages. Si, au contraire, vous préférez un gouvernement sans force, monarchique ou républicain, emprunté à je ne sais quel passé ou à quel avenir chimérique, répondez négativement.

« Ainsi donc, pour la première fois depuis 1804, vous voterez en connaissance de cause, en sachant bien pour qui et pour quoi.

« Si je n'obtiens pas la majorité de vos suffrages, alors je provoquerai la réunion d'une nouvelle assemblée, et je lui remettrai le mandat que j'ai reçu de vous.

« Mais si vous croyez que la cause dont mon nom est le symbole, c'est-à-dire la France régénérée par la révolution de 89 et organisée par l'Empereur, est toujours la vôtre, proclamez-le en consacrant les pouvoirs que je demande.

« Alors la France et l'Europe seront préservées de l'anarchie, les obstacles s'aplaniront, les rivalités auront disparu, car tous respecteront, dans l'arrêt du peuple, le décret de la Providence. »

Et enfin je pus lire aussi le décret que justifiaient si pleinement ces deux proclamations :

« *Au nom du Peuple français.*

« LE PRÉSIDENT DE LA RÉPUBLIQUE

Décrète :

« ARTICLE PREMIER. — L'Assemblée nationale est dissoute.

« ART. 2. — Le suffrage universel est rétabli. La loi du 31 mai est abrogée.

« ART. 3. — Le Peuple français est convoqué dans ses comices, à partir du 14 décembre jusqu'au 21 décembre suivant.

« ART. 4. — L'état de siége est décrété dans l'étendue de la 1re division militaire.

« ART. 5. — Le conseil d'État est dissous.

« ART. 6. — Le ministre de l'intérieur est chargé de l'exécution du présent décret. »

Rendre la surprise empreinte sur toutes les physionomies présentes me serait impossible ; « *C'est crânement joué,* » s'écrièrent, mais sans colère, plusieurs hommes du peuple qui, le pain sous le bras, se rendaient à la taverne ou à leurs travaux.

— *Napoléon a bien fait,* disait un monsieur, *de nous délivrer d'une chambre aussi déconsidérée et qui paralysait tout en France par ses querelles et ses intrigues.*

— *Comment Paris et la France vont-ils prendre cela?* s'écriait un autre.

Mais nulle animation n'éclata dans ce groupe après la lecture de ces trois pièces qui, cependant, bouleversaient de fond en comble l'ordre de choses établi en 1848. J'en conclus que je n'avais eu que trop raison de prédire au général Leflô, le 21 novembre, que ce serait bien en vain qu'il ferait brûler toutes ses gargousses à blanc pour appeler la population parisienne au secours de l'Assemblée à la première velléité du coup d'État dont je lui annonçais l'imminence.

Je quittai ce groupe qui, en ce moment, huit heures et demie, était composé d'une cinquantaine de personnes généralement assez calmes et même plus satisfaites que mécontentes de ce coup de foudre politique, et me dirigeai vers l'Assemblée pour en connaître les résultats sur ce point, lorsque je fis, devant l'hôtel de la Monnaie, la rencontre du colonel Bourjade, secrétaire-général du ministère de la guerre, et qui fut l'un de mes camarades de la garde royale; il parcourait aussi Paris pour juger de l'effet produit par ce coup d'État et m'annonça que le général Saint-Arnaud était monté à cheval à cinq heures du matin pour diriger en personne les opérations militaires de cette journée d'Austerlitz dont le neveu de l'Empereur venait de célébrer l'anniversaire par un trait d'audace sans exemple encore.

— Il voyage en ce moment dans l'air, m'ajouta le colonel Bourjade, une dépêche télégraphique à tous les préfets et généraux pour leur enjoindre de réprimer avec la plus grande énergie toute tentative de désordre ou d'insurrection à l'occasion des événements qui s'accomplissent à Paris.

Que pensez-vous de tout cela? me demanda mon ancien frère d'armes.

— Que le coup est trop habilement joué et trop vigoureusement exécuté pour ne pas réussir, répondis-je; je doute même qu'il y ait une lutte sérieuse avec les socialistes pris, comme ils le sont, en flagrant délit de stupeur et d'imprévu.

Il m'annonça l'arrestation des généraux Changarnier, Lamoricière, Bedeau, Cavaignac, Leflô, du colonel Charras, de M. Thiers et de M. Baze.

Nous nous serrâmes la main en nous séparant.

— Vous ne pourrez pas arriver jusqu'à la Chambre, ajouta le colonel, tous ses abords, ainsi que les quais et la place Louis XV, étant occupés par les troupes.

Je gagnai le Carrousel par le pont des Saints-Pères, et j'arrivais au pied du phare lorsque je vis le bataillon du 49e de ligne, caserné dans le corps de logis de l'ancien état-major de la garde nationale, se mettre en marche, en tenue de campagne, et prendre position dans la cour même des Tuileries.

La place ne présentait encore que son mouvement habituel de passants à neuf heures du matin, et nul groupe de curieux ou de péroreurs n'existait sur aucun point de cette vaste étendue.

Je ne pus voir le général Magnan; il était à cheval depuis le matin et présidait au rassemblement des troupes sur les points jugés nécessaires.

Je courus chez mon ami *** pour lui annoncer le fait accompli et qu'il ignorait encore : il le trouva *hardi*, mais *bien joué*; il parut néanmoins considérer comme imprudente l'arrestation des généraux que je lui désignai.

— C'eût été bien plus dangereux encore, lui répondis-je, de ne pas s'assurer de leurs personnes avant toutes choses, car tels que je les connais, ils se seraient crus obligés de se jeter aux barricades et de s'y faire tuer.

A peu de distance de là, je rencontrai M. D..., ami intime et chaud partisan de la politique de M. B...; il se rendait chez lui en toute hâte, « où, me dit-il, *on va aviser à ce qui se passe.* »

— Voilà, lui répondis-je, où nous a menés la sotte politique de notre parti depuis vingt ans !...

— Ce n'est pas le moment de récriminer, reprit M. D..., venez avec moi chez B...

— Certainement non, car je suis enchanté de se qui se passe.

Là-dessus nous nous quittâmes, lui pour se rendre auprès de son ami, et moi pour continuer mes explorations historiques.

Il était, en ce moment, dix heures. Que de choses s'étaient déjà passées depuis quelques heures seulement ! Personne ne revenait de son étonnement, et l'on voyait souvent deux individus de connaissance s'arrêter l'un devant l'autre, se regarder d'un air ébahi, et la langue paralysée; j'en ai souri plus d'une fois, ce jour-là, dans mes courses d'observateur.

Je courus chez le comte H..., un de mes amis, pour lui faire part de la grande nouvelle qui réalisait un projet dont je m'étais si souvent entretenu avec lui bien avant son exécution; elle était déjà parvenue, mais sans détails exacts, jusqu'à lui; nous nous en réjouîmes ensemble, car, pas plus que moi, il n'avait d'estime et de respect pour le Parlement, et pour ce chef-d'œuvre de la Constituante que l'on prétendait nous présenter pour jamais comme un objet à vénérer.

Je déjeunai à la hâte avec mon ancien camarade de captivité, et revins sur le champ de bataille du moment, pour en suivre avec attention toutes les phases.

Il était midi.

La physionomie de Paris avait pris une autre expression depuis ces deux heures.

Ce coup de tonnerre avait réveillé toute la population ; son sang, d'abord engourdi, reprenait sa circulation, et chez quelques-uns commençait à tourner à l'état de fièvre.

De cent pas en cent pas, et particulièrement aux débouchés des rues, on rencontrait des groupes de quinze, vingt, trente et jusqu'à cinquante individus, la tête penchée et l'oreille attentive au discours d'un orateur en plein vent, et souvent à la discussion animée de deux rivaux politiques.

Le mouvement du boulevard commençait à rappeler la marée montante. Lorsqu'un vent tournant à la tempête la prend à son flux, elle ne tarde pas à devenir houleuse.

Tel me parut devoir être bientôt le boulevard depuis la Madeleine jusqu'à la porte Saint-Martin ; mais par une singulière particularité, je n'y découvris que peu ou point de casquettes et de blouses ; qu'étaient-elles donc devenues, elles qui toujours sortent de terre comme des fourmis à pareils jours?...

Cette circonstance me frappa et confirma mes impressions, déjà si profondes, sur l'impopularité du Parlement chassé, si irrévérencieusement, par le nouveau César.

Devant le ministère des relations extérieures, je fis la rencontre de l'un des fils de ***, excellent jeune homme, mais naturellement élevé dans la politique peu éclairée du faubourg Saint-Germain. Il me parut un peu étourdi de l'explosion de cette bombe, à laquelle il était sans doute loin de s'attendre ; il avait si souvent entendu faire des gorges chaudes autour de lui sur le *crétinisme* et sur l'*incapacité* du président de la république, qu'il devait y croire : d'ailleurs, on aime tant en ce monde, à voir les objets au gré de ses désirs, et si rarement tels qu'ils sont en réalité !...

Ainsi donc, à ses yeux, le prince Napoléon « ne devait être qu'un sot, un aventurier, célèbre seulement par *ses extravagances* de Strasbourg et de Boulogne. »

J'avais cependant bien souvent démontré à son père que le prince Louis n'était rien moins que ce que *nos profonds hommes d'État* voulaient qu'il fût. Mais faites entrer une appréciation vraie dans des cervaux aussi rebelles à tout ce qui ne flatte pas leurs petites passions et surtout leur orgueil !...

Là aussi je me trouvai, pour la première fois, en présence des avant-postes de l'armée.

Une compagnie d'infanterie stationnait sur le côté gauche du boulevard, avec des vedettes en observation aux angles des rues Neuve-du-Luxembourg, des Capucines, Caumartin et de Sèze, pendant que des patrouilles de 40 et 50 hommes, sous le commandement d'un officier, poussaient des reconnaissances jusqu'à la hauteur de la rue de la Paix seulement.

L'attitude des soldats était calme, celle des officiers méditative ; ils me parurent comprendre la haute gravité de leur mission.

Une section de grenadiers, commandée par un lieutenant, gardait la maison de M. Odilon Barrot, que l'on supposait peut-être devoir devenir un lieu de réunion pour les représentants dispersés par l'ouragan du matin.

Il n'en fut rien, et je n'ai jamais compris, je l'avoue, l'importance que l'on a toujours voulu chercher dans cette orgueilleuse grenouille politique.

Enfin, le brave homme s'amuse à voir prendre au sérieux, depuis vingt ans, ses bulles de savon, qui, au moindre souffle de l'air atmosphérique, disparaissent comme celles des enfants de six ans!...

La circulation était complétement interceptée à la hauteur de la rue Duphot, que l'on avait laissée toutefois libre pour se rendre de la ligne des boulevards à la rue Saint-Honoré; mais depuis la Madeleine jusqu'à la rue de Rivoli, toutes les issues étaient gardées militairement par des pelotons de chasseurs à pied, et à quelques pas en arrière l'on voyait des colonnes profondes d'infanterie, massées et l'arme au pied. Même calme, même attitude chez l'officier et le soldat; il y avait dans leur aspect quelque chose de solennel et surtout de peu rassurant pour qui serait tenté de provoquer le combat; jamais, à aucune époque, je ne vis l'armée aussi imposante par sa tenue et l'expression de sa physionomie!... Le Prince avait su l'élever à la hauteur du rôle qu'il l'avait appelée à jouer le 2 décembre.

Sur le Marché-aux-Fleurs, je rencontrai mon ancien frère d'armes de régiment, le baron de ***, l'un des membres du Parlement.

— Eh bien! mon cher de ***, m'écriai-je en l'abordant, qu'allez-vous faire?...

— Nous ne pouvons que protester contre cet acte de violence!...

— Cette protestation sera sans effet, à en juger d'après l'examen que je viens de faire de l'esprit de la capitale.

— Nous ne pouvons cependant pas, convenez-en, mon cher de Mauduit, nous laisser chasser ainsi sans protestation?

— Triste ressource, mon cher de ***, pour un corps politique sans vie depuis longtemps!...

— C'est pour nous un dernier devoir à remplir envers nous-mêmes comme envers nos commettants; après cela advienne que pourra!...

Mon frère d'armes parlait en homme d'honneur et de loyauté

qu'il est; mais je l'ai plus d'une fois entendu déplorer avec moi l'aveuglement d'une assemblée qui, malgré sa nullité désespérante, prétendait néanmoins à la suprême dictature.

Je serrai la main à mon vieil ami, et continuai mes études philosophico-politiques.

Arrêté dans la rue Duphot par un autre frère d'armes de régiment, le capitaine ***, nous devisions sur ces événements, lorsque passa près de moi l'un de mes anciens collaborateurs de la *Sentinelle*, M. ***, devenu l'un des plus ardents, mais aussi des plus honnêtes et plus loyaux représentants de la Montagne.

— Quoi !... vous ici, mon cher ***, m'écriai-je en lui serrant la main, je vous croyais certes déjà à Vincennes ou à Mazas; vous surtout qui disiez sans cesse, et à qui voulait l'entendre, qu'avant peu vous enfermeriez le Président dans le donjon de Vincennes!...

— Je n'ai été retenu que pendant une demi-heure ce matin chez le général Lamoricière, pendant que l'on procédait à son arrestation, n'ayant point été reconnu; ou peut-être n'avait-on pas de mandat exécutoire contre moi; je me suis échappé : et me voilà, mon cher de Mauduit, étudiant la physionomie de Paris, car cela ne se passera pas aussi bénignement qu'on le pense.

— Je vous trouve tout au moins bien imprudent, mon cher ***, vous si reconnaissable et qui devez être si connu des agents du pouvoir; je vous trouve bien imprudent de vous promener ainsi tête levée dans les rues, car évidemment vous ne devez pas être oublié dans les arrestations. Croyez-moi donc : mettez-vous à l'abri pendant cette bourrasque. Quand on a fait, comme moi, près de quatre années de captivité diverse pour la défense de ses opinions, on n'est pas tenté de conseiller à ses amis de s'y exposer.

Je souhaitai bonne chance à mon cher montagnard, qui, le chapeau sur l'oreille, prit la direction du boulevard, pendant que je prenais celle du jardin des Tuileries dont toutes les grilles étaient fermées.

Une demi-heure s'était à peine écoulée que je retrouvai à la hauteur de la rue de la Chaussée-d'Antin mon fier représentant. Il était plus audacieux encore que dans la rue Duphot; il venait d'apprendre que plusieurs de ses confrères s'étaient formés en bureau conventionnel, et que les chefs de toutes les sociétés secrètes, non enlevés du lit, à six heures, étaient en permanence.

— Cela prend bonne tournure, me dit M. ***, nous aurons des barricades ce soir, et à demain la bataille.

— J'en doute fort, mon cher, car je ne vois pas votre milice habituelle disposée à descendre dans la rue.

— Soyez certain de ce que je vous dis, m'ajouta-t-il : la cour de cassation et les représentants viennent de mettre Louis-Napoléon hors la loi, et de déclarer traître quiconque oserait le seconder.

— Vous vous abusez étrangement, mon cher ***, et sur votre position, et sur votre autorité parlementaire ; je vous réitère donc mon conseil de tout à l'heure : ne vous promenez pas aussi triomphalement, ne rentrez surtout pas chez vous, et mettez-vous à l'abri.

— C'est ce que je vais faire, me répondit-il.

Malheureusement il n'en fit rien. Il avait commandé son dîner et ne voulut pas le laisser au chat, et à peine avait-il pris son dernier verre de Médoc ou de Chambertin, car tout démocrate qu'il soit, du moins dans ses discours, mon ex-collaborateur aime la bonne chère et le bon vin, et, socialiste par excellence, dans son salon l'on ne marche que sur du velouté, du tigre, de la panthère, du renard ou du lion. Il avait donc à peine achevé son repas sybaritique qu'entrèrent dix *trouble-fête* précédés du commissaire chargé de le conduire à Mazas, où l'attendaient une couchette et des verrous protecteurs contre toutes les mauvaises chances des barricades. . . . .

. . . .

Mais, comme ce pauvre monde ne se compose que de contrastes qui souvent s'entre-choquent et se brisent, pendant que mon montagnard m'annonçait si fièrement la mise hors la loi de Louis-Napoléon, et sa fin tragique dans les fossés de Vincennes, le Prince passait *tranquillement* devant le front d'une partie des quarante mille soldats qu'il avait su associer à sa fortune !

Avec de pareils amis, Louis-Napoléon pouvait sans crainte remplir sa tâche.

Vers dix heures, en effet, le prince Napoléon était monté à cheval, accompagné des maréchaux Jérôme Bonaparte, Excelmans, du ministre de la guerre, du général en chef, du général commandant les gardes nationales, du général Schramm, et d'un certain nombre d'autres généraux, d'officiers et même de quelques représentants.

Le prince passa devant le front des troupes disposées ainsi qu'il suit :

Avenue de Marigny, brigade Canrobert; Champs-Élysées, brigade Reybell, division de réserve du général Korte; place Louis XV, brigade de Cotte; Assemblée nationale, brigade Ripert; quai d'Orsay, brigade Forey; Tuileries, brigades Dulac et Bourgon.

Partout, sur son passage, le Prince était accueilli avec empressement, souvent même avec enthousiasme par les troupes, et par la population avec une sympathie tempérée par la surprise; mais nulle manifestation malveillante n'éclata sur son passage.

Pendant cette revue, les généraux Sauboul, Marulaz et Courtigis, tenaient leurs brigades sous les armes, et prêtes à marcher.

Chacun aura son tour et son rôle, dans ce drame politique, comme sur un champ de bataille; je vais bientôt en donner la preuve.

CHAPITRE XVI

Le palais législatif était investi depuis une heure, ses cours et ses abords gardés militairement comme en campagne; deux pièces d'artillerie étaient braquées sur la grille de la place, deux autres, également en position, à l'entrée du pont Louis XV, et dirigées vers le péristyle; le général Leflô et M. Baze étaient déjà partis pour Mazas lorsque le chef des huissiers vint, à sept heures, réveiller M. Dupin par d'aussi graves nouvelles.

— Que l'on se garde d'éveiller madame Dupin, s'écria, dans sa sollicitude conjugale, l'illustre avocat, qu'on la laisse dormir !

M. Dupin se lève et reçoit peu après la visite de l'officier supérieur à qui était confiée la garde du palais de l'assemblée. Il venait demander des instructions et des ordres.

— Je n'ai pas le droit de réquisition directe, répondit M. Dupin, depuis le rejet de la proposition des questeurs; je n'ai donc ni instructions ni ordres à vous donner.

— Ce coup d'État, ajouta M. Dupin, deux heures plus tard, est sans doute un acte illégal, mais nous devons désirer son succès, car si Bonaparte est vaincu, nous tombons tous entre les mains des rouges, et ma foi!...

M. Dupin, on le voit, faisait bon marché des droits et de la dignité de l'assemblée, et préférait l'autorité pacifique du sabre aux sanglantes saturnales des frères et amis nivernais. De deux maux, M. Dupin choisissait le moindre, et d'autant que l'on ne paraissait en vouloir ni à sa vie, ni même à sa liberté, tant Napoléon le savait peu dangereux pour ses projets.

Toutefois, vers neuf heures et demie, une alerte mit un nstant en émoi tout l'intérieur du palais présidentiel.

Une trentaine de représentants, étant parvenus par la petite entrée de la rue de Bourgogne à pénétrer dans l'intérieur, s'y étaient groupés dans la salle *Casimir Périer*, et là faisaient un tapage à faire croire à un envahissement populaire.

Un soldat en faction quitte son poste, crie aux armes et jette l'alarme au milieu de tous les soldats qui allaient et venaient à travers la multitude de petites cours et de corridors de ce palais :

— *Trois cents Parisiens*, s'écrie-t-il, viennent d'entrer par escalade! Aux armes! aux armes!

Chacun court à son faisceau, se heurte et parfois culbute un camarade dans sa course précipitée, irréfléchie, car rien n'était plus impossible qu'un envahissement populaire avec un pareil déploiement de forces. Néanmoins l'émotion se répandit jusque sur la place et dans la rue de l'Université, au point que l'on y fit à l'instant charger les armes et disperser assez cavalièrement les curieux groupés autour des troupes.

Près de l'entrée de la présidence se trouvaient en ce moment un certain nombre de représentants avec l'intention de se rendre auprès de leur président; parmi eux était le général Oudinot.

Leurs instances furent inutiles, ils durent se disperser et se résoudre à se réunir ailleurs, et sous toute autre présidence que celle de M. Dupin.

Ils allèrent d'abord chez M. Daru, l'un de leurs vice-présidents, et de là, on se rendit à la mairie du Xe arrondissement, pour s'y placer sous la protection des baïonnettes de la 10e légion sur laquelle on croyait pouvoir compter, cette légion ayant pour colonel le général Lauriston, membre lui-même du parlement dissous. Je rapporterai bientôt textuellement le compte rendu de ce chant du cygne parlementaire. Je reviens au civisme de M. Dupin.

En se rendant chez M. Daru, M. Jules de Lasteyrie, qui faisait partie de ce groupe de représentants, s'étant permis d'apostropher un capitaine d'artillerie, en position devant le conseil d'État, par ces grossières paroles : « Capitaine... *vous faites là un bien vilain métier*, » en reçut la juste riposte ci-après :

— *Quant à nous, Monsieur, nous sommes las depuis longtemps de tous vos bavardages!*

Les trente et quelques représentants réunis et si bruyants dans la salle *Casimir-Périer*, se voyant au moment d'être expulsés par des soldats, voulurent, à l'imitation des sénateurs romains, recevoir *les barbares* sur leurs chaises curules, et sur la proposition de l'un d'eux, tous allèrent prendre siége dans le sénat, pendant que MM. Favreau et Desmousseaux de Givré se rendaient auprès de M. Dupin pour le sommer de venir, lui aussi, mourir sur son fauteuil présidentiel.

— Nous ne pouvons pas nous laisser dissoudre et chasser ainsi sans protestation et sans résistance! s'écriaient plusieurs représentants, entre autres M. Monnet...

— Je ne sortirai qu'après avoir été appréhendé au corps, répétait énergiquement M. Beugnot! lorsqu'une compagnie de la gendarmerie mobile se présenta avec l'ordre de faire évacuer la salle.

Des pourparlers s'engagent entre plusieurs représentants et le capitaine Julien; M. le général Laidet d'abord l'interpelle violemment et cherche à le détourner de son obéissance passive à ses ordres supérieurs.

M. Dandigné de la Chasse, député breton, prend aussi la parole et met en jeu toute son éloquence pour intéresser les soldats au sort de cet infortuné parlement; mais les soldats, comme leur chef, restent calmes, inébranlables, même indifférents à tant de frais de colère et d'éloquence.

Sur l'entrefaite, M. Dupin arrive, mais tout chancelant, de crainte ou d'émotion, je ne sais; il est aussitôt entouré par ses collègues qu'animent au contraire des sentimentso pposés, qui veulent que leur président harangue les soldats et proteste hautement contre l'acte de violence qu'ils vont accomplir.

Mais un tremblement nerveux s'empare de tous ses membres comme le conscrit au moment de recevoir son baptême du feu ; ses jambes fléchissaient, lorsque M. Desmousseaux de Givré, tirant de sa poche son écharpe tricolore, la lui passe autour du cou, à l'instar d'un scapulaire.

M. Dupin se redresse enfin, reprend ses aplombs, se croise les bras, et demande à l'officier la permission de parler.

Elle ne lui est pas refusée; M. Dupin balbutie quelques paroles tant soit peu incohérentes, puisqu'il a fallu ensuite le concours de la mémoire de trois ou quatre des auditeurs pour en faire quelque chose de transmissible à la postérité, et de digne d'être conservé dans les archives du Parlement, d'où je n'ai pu jusqu'à ce jour, en obtenir une copie.

Mais M. Dupin avait hâte d'obtempérer aux injonctions moins tolérantes du colonel Espinasse, qui venait d'arriver à la tête des soldats de son régiment :

« Messieurs, dit M. Dupin en terminant, nous ne sommes pas les plus forts. Je vous engage donc à vous retirer; j'ai bien l'honneur de vous saluer. »

Puis il tourna le dos pour regagner son palais ou son logis de la rue du Bac.

A ces paroles, M. de Rességuier, jeune député des Basses-Pyrénées, s'élance comme un isard, et prenant M. Dupin par le pan de son habit, lui reproche de fuir ainsi le combat parlementaire :

— Laissez-moi donc en paix, monsieur, s'écrie brusquement M. Dupin, vous attentez bien plus à ma liberté que ces gens-là!...

Sic finis coronat opus !

Chacun se dispersa en maugréant, mais sans être enchanté de l'héroïsme de son président.

Néanmoins plusieurs des représentants l'accompagnèrent à sa résidence, et là, chacun chercha à coudre les lambeaux de son discours pour pouvoir au moins le transmettre plus convenablement à la postérité.

Pendant que cette scène semi-burlesque s'exécutait dans l'intérieur du Palais-Bourbon, le Président de la République passait devant le front des troupes rangées sur le quai d'Orsay. On l'informe de cet incident, et d'un sang-froid imperturbable, le Prince dit en se rendant sur la place du palais :

— Est-ce fini? *Qu'on démolisse immédiatement* la salle!

Une heure après, cinquante ouvriers se mettaient à l'œuvre; mais ils durent y renoncer pour procéder plus méthodiquement afin de n'être pas, eux-mêmes, ensevelis sous les décombres de ce palais de carton-pierre.

Assistons maintenant à la séance plus sérieuse de la mairie du Xe arrondissement. Cette séance ayant été sténographiée, je crois devoir, à titre de document historique, la publier textuellement.

ASSEMBLÉE NATIONALE

(Séance extraordinaire du 2 décembre 1851, tenue dans la grande salle de la mairie du Xe arrondissement, à onze heures du matin.)

Le bureau est composé de MM. Benoist d'Azy, Vitet, vice-présidents; Chapot, Moulin, Grimault, secrétaires; une vive agitation règne dans la salle où sont réunis environ deux cents membres appartenant à toutes les opinions politiques.

LE PRÉSIDENT. — La séance est ouverte.

PLUSIEURS MEMBRES. — Ne perdons pas de temps.

LE PRÉSIDENT. — Une protestation a été signée par plusieurs de mes collègues; en voici le texte.

M. BERRYER. — Je crois qu'il ne convient pas à l'assemblée de faire des protestations.

L'assemblée nationale ne peut se rendre dans le lieu ordinaire de ses séances, elle se réunit ici: elle doit faire un acte d'assemblée et non une protestation. (Très-bien! — Marques d'assentiment.) Je demande que nous procédions comme assemblée libre, au nom de la constitution.

M. VITET. — Comme nous pouvons être expulsés par la force, n'est-il pas utile que nous convenions immédiatement d'un autre lieu de réunion, soit à Paris, soit hors Paris.

VOIX NOMBREUSES. — Dans Paris! dans Paris!

M. BIXIO. — J'ai offert ma maison.

M. BERRYER. — Ce sera le second objet de notre délibération; mais la première chose à faire par l'assemblée qui se trouve déjà en nombre suffisant, c'est de statuer par un décret; je demande la parole sur le décret.

M. MONET. — Je demande la parole sur un fait d'attentat. (Bruit et interruption.)

M. BERRYER. — Laissons de côté tous les incidents; nous n'avons peut-être pas un quart d'heure à nous. Rendons un décret. (Oui! oui!) Je demande qu'aux termes de l'art. 68 de la constitution, attendu qu'il est mis obstacle à l'exécution de son mandat;

« L'assemblée nationale décrète que Louis-Napoléon Bonaparte est déchu de la présidence de la république, et qu'en conséquence le pouvoir exécutif passe de plein droit à l'assemblée nationale. » (Très-vive et unanime adhésion. — Aux voix.) Je demande que le décret soit signé par tous les membres présents. (Oui, oui.)

M. Béchard. — J'appuie cette demande.

M. Vitet. — Nous allons rester en permanence.

M. le président. — Le décret sera immédiatement imprimé par les moyens qu'on pourra avoir. Je mets le décret aux voix. (Le décret est adopté à l'unanimité, aux cris mêlés de *Vive la constitution* ! *Vive la loi* ! *Vive la république* !)

Le décret est rédigé par le bureau.

M. Piscatory. — Un avis pour hâter le travail : nous allons faire courir des feuilles sur lesquelles on signera. On les annexera ensuite au décret. (Oui ! oui !)

On fait circuler des feuilles de papier dans l'assemblée.

Un membre. — Il faut donner l'ordre au colonel de la 10e légion de défendre l'assemblée. Le général Lauriston est présent.

M. Berryer. — Donnez un ordre écrit.

Plusieurs membres. — Qu'on batte le rappel.

(Une altercation a lieu dans le fond de la salle entre des représentants et quelques citoyens qu'on veut faire retirer. Un des citoyens s'écrie : « Messieurs, dans une heure peut-être, nous nous ferons tuer pour vous ! »)

M. Piscatory. — Un mot. Nous ne pouvons (bruit. — Écoutez donc ! écoutez !), nous ne devons pas, nous ne voulons pas exclure les auditeurs. Ceux qui voudront venir seront très-bien venus. Il vient de se prononcer un mot que j'ai recueilli : « Dans une heure, peut-être, nous nous ferons tuer pour l'assemblée. » Nous ne pouvons recevoir beaucoup de personnes; mais celles qui peuvent tenir ici doivent y rester. (Bien ! bien !) La tribune est publique par la constitution. (Marques d'approbation.)

M. le président Vitet. — Voici le décret de réquisition : « L'assemblée nationale, conformément à l'article 32 de la constitution, requiert la 10e légion pour défendre le lieu des séances de l'assemblée. »

Je consulte l'assemblée. (Le décret est voté à l'unanimité ; une certaine agitation succède à ce vote; plusieurs membres parlent en même temps.)

M. Berryer. — Je supplie l'assemblée de garder le silence. Le bureau, qui rédige en ce moment les décrets et à qui je propose de remettre tous les pouvoirs pour les différentes mesures à prendre, a besoin de calme et de silence. Ceux qui auront des motions à faire les feront ensuite; mais, si tout le monde parle, il sera impossible de s'entendre. (Le silence se rétablit.)

UN MEMBRE. — Je demande que l'assemblée reste en permanence jusqu'à ce qu'on envoie des forces. Si nous nous séparon avant que les forces viennent, nous ne pourrons plus nous réunir

M. LÉGROS-DEVOT. — Oui! oui! La permanence.

(MM. Odilon Barrot et de Nagle arrivent dans la salle et apposent leur signature sur le décret de déchéance.)

M. le président donne mission à M. Howyn-Tranchère de faire entrer des représentants qui sont retenus à la porte.

M. PISCATORY. — Je demande à l'assemblée de lui rendre compte d'un fait qui me paraît important. Je suis allé faire reconnaître plusieurs de mes collègues qui ne pouvaient entrer. Les officiers de paix m'ont dit que le maire avait donné l'ordre de ne faire entrer personne.

Je me suis transporté immédiatement chez le maire qui m'a dit: « Je représente le pouvoir exécutif, et je ne puis laisser entrer les représentants. » Je lui ai fait connaître le décret que l'assemblée avait rendu et lui ai dit qu'il n'y avait pas d'autre pouvoir exécutif que l'assemblée nationale (très-bien!) et je me suis retiré. J'ai cru devoir faire cette déclaration au nom de l'assemblée. (Oui! oui! Très-bien!) Quelqu'un m'a dit en passant: Dépêchez-vous, dans peu de moments la troupe sera ici.

M. BERRYER. — Je demande provisoirement qu'un décret ordonne au maire de laisser les abords de la salle libres.

M. DE FALLOUX. — Il me semble que nous ne prévoyons pas pas deux choses qui me paraissent vraisemblables: la première, que vos ordres ne seront pas exécutés; la seconde, que nous serons expulsés d'ici. Il faut convenir d'un autre lieu de réunion.

M. BERRYER. — Avec les personnes étrangères qui se trouvent présentes, nous ferions une chose peu utile; nous saurons bien nous faire avertir du lieu où nous devrons nous réunir. (Non! non! Un décret provisoire.)

M. LE PRÉSIDENT. — M. Dufaure a la parole. Silence, messieurs, les minutes sont des heures.

M. DUFAURE. — L'observation qui vient d'être faite est juste; nous ne pouvons désigner hautement le lieu de notre réunion. Mais je demande que l'assemblée confère à son bureau le droit de le choisir. Il avertira chacun des membres du lieu de la réunion afin que chacun de nous puisse s'y rendre. Messieurs, nous sommes maintenant les seuls défenseurs de la constitution, du droit, de la république, du pays. (Oui! oui! Très-bien! — Des cris répétés de *vive la république* se font entendre.) Ne nous manquons pas à nous-mêmes, et s'il faut succomber devant la force brutale, l'histoire nous tiendra compte de ce que, jusqu'au dernier moment, nous avons résisté par tous les moyens qui étaient en notre pouvoir. (Bravos et applaudissements.)

M. Berryer. — Je demande que, par un décret, l'assemblée nationale ordonne à tous les directeurs de maisons de force ou d'arrêt, de délivrer, sous peine de forfaiture, les représentants qui ont été arrêtés.

(Ce décret est mis aux voix par le président et adopté à l'unanimité.)

Un représentant arrive et s'écrie : « Dépêchons-nous, voilà la force qui arrive. » (Il est midi et demi.)

M. Antony Thouret entre et signe le décret de déchéance en disant : « Ceux qui ne signent pas sont des lâches. »

Au moment où l'on annonce l'arrivée de la force armée, un profond silence s'établit. Tous les membres du bureau montent sur leurs siéges pour être vus de toute l'assemblée et des chefs de la troupe.

Plusieurs membres dans le fond de la salle : « On monte! on monte! » (Sensation suivie d'un profond silence.)

M. le président Benoist d'Azy. — Pas un mot, messieurs, pas un mot! Silence absolu! c'est plus qu'une invitation, permettez-moi de dire que c'est un ordre.

Plusieurs membres. — C'est un sergent, c'est un sergent qu'on envoie.

M. le président Benoist d'Azy. — Un sergent est le représentant de la force publique.

M. de Falloux. — Si nous n'avons pas la force, ayons au moins la dignité.

Un membre. — Nous aurons l'une et l'autre. (Profond silence.)

Le président. — Restez à vos places, songez que l'Europe entière vous regarde!

M. le président Vitet et M. Chapot, l'un des secrétaires, se dirigent vers la porte par laquelle la troupe va pénétrer et s'avancent sur le palier. Un sergent et une douzaine de chasseurs de Vincennes du 6e bataillon occupent les dernières marches de l'escalier.

MM. Grévy, de Charencey et plusieurs autres représentants ont suivi MM. Vitet et Chapot. Quelques personnes étrangères à l'assemblée se trouvent aussi sur le palier. Parmi elles nous remarquons M. Beslay, ancien membre de l'assemblée constituante.

M. LE PRÉSIDENT VITET, s'adressant au sergent : — Que voulez-vous? Nous sommes réunis en vertu de la constitution.

LE SERGENT. — J'exécute les ordres que j'ai reçus.

M. LE PRÉSIDENT VITET. — Allez parler à votre chef.

M. CHAPOT. — Dites à votre chef de bataillon de monter ici.

Au bout d'un instant, un capitaine faisant fonctions de chef de bataillon se présente au haut de l'escalier.

M. LE PRÉSIDENT s'adressant à cet officier. — L'assemblée nationale est ici réunie. C'est au nom de la loi, au nom de la constitution que nous vous sommons de vous retirer.

LE COMMANDANT. — J'ai des ordres.

M. VITET. — Un décret vient d'être rendu par l'Assemblée portant qu'en vertu de l'art. 68 de la constitution, attendu que le Président de la république porte obstacle à l'exercice du droit de l'assemblée, le président est déchu de ses fonctions, que tous les fonctionnaires et dépositaires de la force et de l'autorité publiques sont tenus d'obéir à l'assemblée nationale. Je vous somme de vous retirer.

LE COMMANDANT. — Je ne puis pas me retirer.

M. CHAPOT. — A peine de forfaiture et de trahison à la loi, vous êtes tenu d'obéir sous votre responsabilité personnelle.

M. GRÉVY. — N'oubliez pas que vous devez obéissance à la constitution et à l'art. 68.

LE COMMANDANT. — L'art. 68 n'est pas fait pour moi.

M. BESLAY. — Il est fait pour tout le monde; vous devez lui obéir.

MM. le président Vitet et Chapot rentrent dans la salle.

M. Vitet rend compte à l'assemblée de ce qui vient de se passer entre lui et le chef de bataillon.

M. BERRYER. — Je demande que ce ne soit pas seulement par un acte du bureau, mais par un décret de l'assemblée, qu'il soit immédiatement déclaré que l'armée de Paris est chargée de veiller à la défense de l'assemblée nationale, et qu'il soit enjoint au général Magnan, sous peine de forfaiture, de mettre les troupes à la disposition de l'assemblée. (Très-bien !)

L'assemblée consultée vote le décret à l'unanimité.

M. Monet. — Je demande qu'il soit envoyé au président de l'assemblée un double du décret qui a été rendu, prononçant la déchéance.

Plusieurs membres. — Il n'y en a plus, il n'y a plus de président ! (Agitation.)

M. Pascal Duprat. — Puisqu'il faut dire le mot, M. Dupin s'est conduit lâchement. Je demande qu'on ne prononce pas son nom. (Vives rumeurs.)

M. Monet. — J'ai voulu dire le président de la Haute-Cour. C'est au président de la Haute-Cour qu'il faut envoyer le décret.

M. le président Benoist d'Azy. — M. Monet propose que le décret de déchéance soit envoyé au président de la Haute-Cour nationale. Je consulte l'assemblée.

L'assemblée consultée adopte le décret.

M. Jules de Lasteyrie. — Je vous proposerai, messieurs, de rendre un décret qui ordonne au commandant de l'armée de Paris et à tous les colonels de légion de la garde nationale d'obéir au président de l'assemblée nationale, sous peine de forfaiture, afin qu'il n'y ait pas un homme qui ne sache, dans la capitale, quel est son devoir, et que s'il y manque, c'est une trahison envers le pays. (Très-bien ! très-bien !)

Un membre. — Je demande qu'on mette en réquisition le télégraphe.

M. le général Oudinot. — Jamais nous n'avons éprouvé le besoin d'entourer notre président de plus de déférence et de considération que dans ce moment. Il est bien qu'il soit investi d'une sorte de dictature, passez-moi l'expression. (Réclamations de la part de quelques membres.) Je retire l'expression, si elle peut éveiller la moindre susceptibilité; je veux dire que sa parole doit obtenir immédiatement respect et silence. Notre force, notre dignité, sont précisément dans l'unité. Nous sommes unis, il n'y a plus dans l'assemblée de côté droit ni de côté gauche. (Très-bien ! très-bien !) Nous avons tous des fibres au cœur ; c'est la France tout entière qui est blessée en ce moment. (Très-bien !)

M. le président Benoist d'Azy. — Je crois que la force de l'assemblée consiste à conserver une parfaite union. Je propose, conformément à l'avis qui vient de m'être exprimé par plusieurs membres, que le général Oudinot, notre collègue, soit investi du commandement des troupes. (Très-bien! très-bien! bravo!)

M. Tamisier. — Sans doute, M. le général Oudinot, comme tous nos collègues, ferait son devoir; mais vous devez vous rappeler l'expédition romaine qu'il a commandée. (Vives rumeurs. — Réclamations nombreuses.)

M. de Rességuier. — Vous désarmez l'assemblée une seconde fois.

M. de Dampierre. — Taisez-vous, vous nous tuez.

M. Tamisier. — Laissez-moi achever, vous ne me comprenez pas.

M. le président Benoist d'Azy. — S'il y a des divisions parmi nous, nous sommes perdus.

M. Tamisier. — Ce n'est pas une division, mais quelle autorité aura-t-il sur le peuple?

M. Berryer. — Mettez la proposition aux voix, monsieur le président.

De toutes parts. — Aux voix! aux voix!

L'assemblée consultée rend un décret qui nomme le général Oudinot commandant en chef des troupes.

Pendant qu'on rédige le décret, M. le général Oudinot s'approche de M. Tamisier, et échange avec lui quelques paroles.

Le général Oudinot. — Messieurs, je viens de proposer à M. Tamisier de me servir de chef d'état-major. (Bravo!) Il accepte. (Très-bien! bravos enthousiastes.)

En ce moment les membres qui se trouvent auprès de la porte annoncent qu'un officier du 6e bataillon de chasseurs arrive avec de nouveaux ordres. Le général Oudinot s'avance vers lui, accompagné de M. Tamisier.

M. Tamisier donne lecture à l'officier du décret qui nomme le général Oudinot général en chef de l'armée de Paris.

Le général Oudinot, à l'officier. — Nous sommes ici en vertu de la constitution. Vous voyez que l'assemblée nationale vient de me nommer commandant en chef. Je suis le général Oudinot; vous devez reconnaître mon autorité. Vous me devez obéissance. Si vous résistiez à mes ordres, vous encourriez les punitions les plus rigoureuses. Immédiatement vous seriez traduit devant les tribunaux. Je vous donne l'ordre de vous retirer.

L'officier (sous-lieutenant au 6e bataillon de chasseurs). — Mon général, vous savez notre position; j'ai reçu des ordres.

LE GÉNÉRAL OUDINOT, à l'officier. — Vous déclarez donc que vous avez reçu des ordres, et que vous attendrez les instructions du chef qui vous a donné la consigne?

LE SOUS-LIEUTENANT. — Oui, mon général.

LE GÉNÉRAL OUDINOT. — C'est la seule chose que vous ayez à faire.

(M. le général Oudinot et M. Tamisier rentrent dans la salle. Il est une heure un quart.)

LE GÉNÉRAL OUDINOT. — Monsieur le président, je reçois les deux décrets qui me donnent l'un le commandement de la troupe ligne, l'autre le commandement de la garde nationale. Vous avez bien voulu accepter, sur ma proposition, M. Tamisier comme chef d'état-major de la troupe de ligne. Je vous prie de vouloir bien accepter M. Mathieu de la Redorte comme chef d'état-major pour la garde nationale. (Très-bien!)

PLUSIEURS MEMBRES. — C'est à vous à faire ce choix, c'est dans vos pouvoirs.

M. LE PRÉSIDENT BENOIST D'AZY. — Vous usez de votre droit; mais, puisque vous nous communiquez votre pensée à cet égard, je crois répondre à l'intention de l'assemblée en disant que nous applaudissons à votre choix. (Oui! oui! Très-bien!)

LE GÉNÉRAL OUDINOT. — Ainsi vous reconnaissez M. Mathieu de la Redorte comme chef d'état-major de la garde nationale. (Marques d'assentiment.)

M. LE PRÉSIDENT BENOIST D'AZY, après quelques instants d'attente. — On me dit que quelques personnes sont déjà sorties; je ne suppose pas que personne veuille se retirer avant que nous ayons vu la fin de ce que nous pouvons faire.

DE TOUTES PARTS. — Non! non! en permanence.

M. BERRYER, rentrant dans la salle avec plusieurs de ses collègues. — Messieurs, une fenêtre était ouverte. Il y avait beaucoup de monde dans la rue. J'ai annoncé par la fenêtre que l'assemblée nationale, régulièrement réunie en nombre plus que suffisant pour la validité de ses décrets, avait prononcé la déchéance du président de la république, que le commandement de l'armée et de la garde nationale était confié au général Oudinot, et que son chef d'état-major était M. Tamisier. Il y a eu acclamation et bravos. (Très-bien!)

En ce moment, deux commissaires de police se présentent à la porte, et, sur l'ordre du président, s'avancent auprès du bureau.

L'UN DES COMMISSAIRES (le plus âgé). — Nous avons ordre de faire évacuer les salles de la mairie; êtes-vous disposés à obtempérer à cet ordre? Nous sommes les mandataires du préfet de police.

PLUSIEURS MEMBRES. — On n'a pas entendu.

M. LE PRÉSIDENT BENOIST D'AZY. — M. le commissaire nous dit qu'il a ordre de faire évacuer la salle. J'adresse à M. le commissaire cette question : Connaît-il l'art. 68 de la constitution? sait-il quelles en sont les conséquences?

LE COMMISSAIRE. — Sans doute, nous connaissons la constitution; mais, dans la position où nous nous trouvons, nous sommes obligés d'exécuter les ordres de nos chefs supérieurs.

M. LE PRÉSIDENT BENOIST D'AZY. — Au nom de l'assemblée, je vais faire donner lecture de l'art. 68 de la constitution.

M. le président Vitet fait cette lecture.

M. LE PRÉSIDENT BENOIST D'AZY, au commissaire. — C'est conformément à l'art. 68 de la constitution, dont vous venez d'entendre la lecture, que l'assemblée, empêchée de siéger dans le lieu ordinaire de ses séances, s'est réunie dans cette enceinte. Elle a rendu un décret dont il va vous être donné lecture.

M. LE PRÉSIDENT VITET donne lecture du décret de déchéance. (Voir plus loin.)

M. LE PRÉSIDENT BENOIST D'AZY. — C'est en vertu de ce décret, dont nous pouvons vous remettre une copie, que l'assemblée s'est réunie ici, et qu'elle vous somme par ma bouche d'obéir à ses réquisitions. Je vous répète que légalement il n'existe qu'une seule autorité en France en ce moment; c'est celle qui est ici réunie. C'est au nom de l'assemblée, qui en est la gardienne, que nous vous requérons d'obéir. Si la force armée, si le pouvoir usurpateur agit vis-à-vis de l'assemblée avec force, nous devons déclarer que nous, nons sommes dans notre droit. Il est fait appel au pays; le pays répondra.

M. DE RAVINEL. — Demandez aux commissaires leurs noms.

M. LE PRÉSIDENT BENOIST D'AZY. — Nous qui vous parlons, nous sommes MM. Vitet, Benoist d'Azy, vice-présidents, Chapot, Grimault et Moulin, secrétaires de l'assemblée nationale.

LE COMMISSAIRE (le plus âgé). — Notre mission est pénible, messieurs; nous n'avons pas même une autorité complète; car, dans ce moment, c'est la force militaire qui agit, et la démarche que nous faisons était pour empêcher un conflit que nous aurions regretté. M. le préfet nous avait donné l'ordre de venir vous inviter à vous retirer; mais nous avons trouvé ici un détachement considérable de chasseurs de Vincennes, envoyés par l'autorité militaire, qui a seule le droit d'agir, puisque Paris est en état de siége; la démarche que nous faisons est officieuse, et a pour but d'empêcher un conflit fâcheux. Nous ne prétendons pas juger la question de droit; mais j'ai l'honneur de vous prévenir que l'autorité militaire a des ordres sévères, et elle les exécutera très-probablement.

M. LE PRÉSIDENT BENOIST D'AZY. — Vous comprenez parfaitement, monsieur, que l'invitation à laquelle vous donnez en ce moment le caractère officieux, ne peut produire aucune influence sur nous. Nous ne céderons qu'à la force.

LE 2e COMMISSAIRE (le plus jeune). — Monsieur le président, voici l'ordre qu'on nous a donné, et, sans plus attendre, nous vous sommons, que ce soit à tort ou à raison, de vous disperser. (Violents murmures.)

PLUSIEURS MEMBRES. — Les noms! les noms des commissaires!

LE 1er COMMISSAIRE (le plus âgé). — Lemoine-Tacherat et Barlet.

En ce moment un officier arrive, un ordre à la main, et dit : Je suis militaire, je reçois un ordre, je dois l'exécuter. Voici cet ordre :

« Commandant, en conséquence des ordres du ministre de la guerre, faites occuper immédiatement la mairie du 10e arrondissement, et faites arrêter, s'il est nécessaire, les représentants qui n'obéiraient pas sur-le-champ à l'injonction de se séparer.

« Le général en chef, MAGNAN. »

(Explosion de murmures.)

M. LE PRÉSIDENT BENOIST D'AZY, à l'officier. — Vous vous présentez avec ordre; nous devons avant tout vous demander, ainsi que nous l'avons fait déjà, à l'officier qui s'est le premier présenté, si vous connaissez l'art. 68 de la constitution, qui déclare que tout acte du pouvoir exécutif pour empêcher la réunion de l'assemblée est un crime de haute trahison qui fait cesser à l'instant même les pouvoirs du chef du pouvoir exécutif. C'est en vertu de son décret qui déclare la déchéance du pouvoir exécutif que nous agissons en ce moment; si nous n'avons pas de force à opposer...

M. DE LARCY. — Nous opposons la résistance du droit.

M. LE PRÉSIDENT BENOIST D'AZY. — J'ajoute que l'assemblée, obligée de pourvoir à sa sûreté, a nommé le général Oudinot commandant de toutes les forces qui peuvent être appelées à la défendre.

M. DE LARCY. — Commandant, nous faisons un appel à votre patriotisme comme Français.

LE GÉNÉRAL OUDINOT, à l'officier. — Vous êtes le commandant du 6e bataillon?

L'OFFICIER. — Je suis commandant par *intérim*. Le commandant est malade.

LE GÉNÉRAL OUDINOT. — Eh bien! commandant du 6e bataillon, vous venez d'entendre ce que M. le président de l'Assemblée vous a dit?

L'OFFICIER. — Oui, mon général.

LE GÉNÉRAL OUDINOT. — Qu'il n'y avait pour le moment d'autre pouvoir en France que l'Assemblée. En vertu de ce pouvoir, qui m'a délégué le commandement de l'armée et de la garde nationale, je viens vous déclarer que nous ne pouvons obéir que contraints, forcés, à l'ordre qui nous interdirait de rester réunis. En conséquence, et en vertu des droits que nous tenons d'elle, je vous ordonne d'évacuer et de faire évacuer la mairie.

Vous avez entendu, commandant du 6e bataillon, vous avez entendu que je vous ai donné l'ordre de faire évacuer la mairie; allez-vous obéir?

L'OFFICIER. — Non, et voici pourquoi : j'ai reçu de mes chefs des ordres et je les exécute.

DE TOUTES PARTS. — A Mazas! à Mazas!

L'OFFICIER. — Au nom des ordres du pouvoir exécutif, nous vous sommons de vous dissoudre à l'instant même.

VOIX DIVERSES. — Non, non; il n'y a pas de pouvoir exécutif. Faites nous sortir de force, employez la force!

Sur l'ordre du commandant, plusieurs chasseurs pénètrent dans la salle. Un troisième commissaire de police et plusieurs agents y pénètrent également. Les commissaires et les agents saisissent les membres du bureau, M. le général Oudinot, M. Tamisier et plusieurs autres représentants, et les conduisent jusque sur le palier. Mais l'escalier est toujours occupé par la troupe. Les commissaires et les officiers montent et descendent pour aller chercher et apporter des ordres.

Après un quart d'heure environ, les soldats ouvrent les rangs; les représentants, toujours conduits par les agents et les commissaires, descendent dans la cour; le général Forey se présente; le général Oudinot lui parle un instant, et, se retournant vers les membres de l'Assemblée, dit que le général Forey lui a répondu : « Nous sommes militaires, nous ne connaissons que nos ordres. »

M. LE GÉNÉRAL LAURISTON. — Il doit connaître les lois et la Constitution ; nous avons été militaires comme lui.

M. LE GÉNÉRAL OUDINOT. — Le général Forey prétend qu'il ne doit obéir qu'au pouvoir exécutif.

TOUS LES REPRÉSENTANTS. — Qu'on nous emmène, qu'on nous emmène à Mazas!

Plusieurs gardes nationaux qui sont dans la cour, crient chaque fois que la porte s'ouvre pour laisser passer les officiers qui vont et viennent : *Vive la République*! *Vive la Constitution*!

Quelques minutes se passent : enfin la porte s'ouvre et les agents ordonnent aux membres du bureau et de l'Assemblée de se mettre en marche. MM. les présidents Benoist et Vitet déclarent qu'ils ne sortiront que par la force. Les agents les prennent par le bras et les font sortir dans la rue. MM. les secrétaires, le général Oudinot, M. Tamisier et les autres représentants sont conduits de la même manière, et on se met en marche à travers deux haies de soldats. Le président Vitet est tenu au collet par un agent, le général Forey est en tête des troupes et dirige la colonne. L'Assemblée est conduite jusqu'à la caserne du quai d'Orsay, en suivant les rues de Grenelle, Saint-Guillaume, Neuve-de-l'Université, de l'Université, de Beaune, les quais Voltaire et d'Orsay. Tous les représentants entrent dans la caserne et on referme la porte sur eux. Il est trois heures vingt minutes.

Sur la proposition d'un membre, on procède, dans la cour même, à l'appel nominal. MM. Grimault, secrétaire, et Antony Thouret font l'appel nominal qui constate la présence de 220 membres. Voici le décret rendu par cette assemblée et tel qu'il a été autographié et affiché dans Paris.

RÉPUBLIQUE FRANÇAISE

ASSEMBLÉE NATIONALE

(Réunion extraordinaire tenue à la mairie du Xe arrondissement.)

Vu l'article 68 de la constitution, portant :

« Le président de la république, les agents et dépositaires de l'autorité publique sont responsables, chacun en ce qui le concerne, de tous les actes du gouvernement et de l'administration.

« Toute mesure par laquelle le président de la république dissout l'assemblée nationale, la proroge ou met obstacle à l'exercice de son mandat, est un crime de haute trahison.

« Par ce seul fait le Président est déchu de ses fonctions ; les citoyens sont tenus de lui refuser obéissance, le pouvoir exécutif passe de plein droit à l'assemblée nationale ; les juges de la haute cour de justice se réunissent immédiatement à peine de forfaiture ; ils convoquent les jurés dans le lieu qu'ils désignent pour procéder au jugement du Président et de ses complices ; ils nomment eux-mêmes les magistrats chargés de remplir les fonctions de ministère public.

« Une loi déterminera les autres cas de responsabilité, ainsi que les formes et les conditions de la poursuite. »

Attendu que l'assemblée nationale est empêchée par la violence de remplir son mandat :

Décrète :

« Louis-Napoléon Bonaparte est déchu de ses fonctions de Président de la république. Les citoyens sont tenus de lui refuser obéissance, le pouvoir exécutif passe de plein droit à l'assemblée nationale.

« Les juges de la haute cour nationale sont tenus de se réunir immédiatement à peine de forfaiture, pour procéder au jugement du Président et de ses complices.

« En conséquence, il est enjoint à tous les fonctionnaires et dépositaires de la force et de l'autorité publique d'obéir à toute réquisition faite au nom de l'assemblée nationale sous peine de forfaiture et de haute trahison. »

Fait et arrêté à l'unanimité, en séance publique, le 2 décembre 1851.

Signé Benoist d'Azy, président. — Vitet, vice-président. — Moulin et Chapot, secrétaires.

L'ouragan du matin avait tellement dispersé les coteries parlementaires, qu'elles cherchèrent un refuge aux quatre points cardinaux de la capitale; la blanche au midi, la rouge à l'est, la bleue au nord, et la tricolore à l'ouest; toutefois une fraction de la rouge avait cru trouver un port chez l'un des héros du 24 février. Un détachement d'infanterie pris sur la place Dauphine vint prier poliment M. Crémieux d'avoir à fermer ses salons, si mieux n'aimait aller à Vincennes.

A pareil argument, le célèbre avocat ne voulut, à l'imitation de son illustre confrère M. Dupin, répliquer que par la soumission.

Huit membres de la cour de cassation, sur la communication du décret rendu dans la séance du dixième arrondissement, ne crurent pas pouvoir se dispenser de se former en cour de justice, et se réunirent à cet effet, vers une heure après-midi, dans leur bibliothèque. Là, on délibéra longuement et froidement, et en bons pères de famille, mais non en séance solennelle, et l'on finit par rédiger un acte qui n'avait encore aucun caractère sérieux, car bien qu'il ait été affiché manuscrit sur plusieurs points de Paris, et revêtu de signatures, personne n'y avait apposé la sienne, lorsque le commissaire de police, M. Blanchet, se présenta à la tête de soixante gardes républicains, et invita *la haute cour*, de la part de M. le préfet de police, à vouloir bien se dissoudre et à rentrer paisiblement chacun chez soi; ce qui s'exécuta avec le plus grand calme et la plus parfaite abnégation.

L'arrêt manuscrit qui a été affiché et enlevé sur plusieurs points de Paris et revêtu de cinq signatures de *cette haute cour*, n'ayant à mes yeux que le caractère d'une ruse de guerre, et non point d'un acte officiel, je crois inutile de le rapporter, en raison même du peu d'influence qu'il exerça.

Quelques heures plus tard, se réunirent également, mais pour l'acquit de leur conscience seulement, une soixantaine de représentants *métis*, rue des Pyramides. Une adhésion, en trois lignes, à la protestation du président Dupin, fut rédigée et portée aussitôt par M. de Montalembert à l'ex-président, pour être annexée à son fameux discours du matin, et, chose étrange, le lendemain, l'on voyait figurer parmi les membres du conseil consultatif du président de la république, les noms de la plupart des soixante et quelques signataires de cette protestation : fiez-vous donc aux hommes politiques après de tels témoignages de leur versatilité!...

CHAPITRE XVII

Après cet exposé exact des scènes parlementaires, conséquences anodines du 2 décembre, je dois reprendre le cours de mes pérégrinations à travers la foule houleuse des boulevards.

L'agitation croissait à mesure que je me rapprochais du café de Paris. Là, je rencontrai le capitaine *** à qui je rappelai la journée du 23 février 1848, en le retrouvant à pareille heure dans des circontances aussi solennelles.

Je le vis très-exaspéré contre l'auteur de *cette audacieuse violation de sa chère Constitution*, car tout homme d'esprit qu'il soit, il a la naïveté de croire à l'éternité comme à l'inviolabilité des constitutions républicaines, plus encore peut-être qu'à celles de Dieu, car je le crois un peu de l'école voltairienne et très-admirateur de George Sand.

Le boulevard, depuis la rue de la Chaussée-d'Antin jusqu'à la rue Montmartre, n'était obstrué que par la fashion parisienne, rouge, blanche ou tricolore. Je n'y comptai même pas vingt individus en blouse ou costume d'ouvriers.

Des groupes nombreux et compactes se tenaient aux débouchés des rues; on y discutait avec animation et même avec menaces contre ceux qui se faisaient les apôtres du coup d'État.

Une reconnaissance de lanciers passe la lance au port d'armes et se dirige vers le boulevard Saint-Denis.

Elle est accueillie par mille cris répétés de *Vive la République!* sortant de bouches qui n'étaient rien moins que républicaines.

Mais n'importe ! en révolution, les mots d'ordre et de ralliement ne sont très-souvent que mensonges et que roueries.

L'attitude de cette patrouille fut calme, imposante; j'augurai dès ce moment que l'armée ferait payer cher aux Parisiens les affronts de 1830 et les humiliations de 1848.

Mon cœur de soldat s'en réjouit.

— Eh bien, Mauduit, me dit un ancien frère d'armes que je rencontrai devant le passage de l'Opéra, vous devez être satisfait?... *Voilà le coup d'État, que vous souhaitiez tant, accompli*; comment allez-vous vous en tirer, car les choses ne se passeront pas aussi paisiblement que vous le pensez !

— Oui, mon cher ***, je me félicite d'avoir tout mis en œuvre pour délivrer mon pays des sept cent cinquante orgueilleux qui jouaient à l'intrigue politique à nos dépens et pour nous inféoder encore au char de l'orléanisme, dont j'ai eu mon content pendant dix-huit ans.

— Vous voulez donc l'Empire?

— J'accepterai tout excepté l'orléanisme, et quant au socialisme, je saurai le combattre et non fuir devant lui.

Je veux d'abord voir l'armée prendre sa revanche de 1830 et de 1848; après cela, Dieu fera le reste.

Ce langage ne parut guère du goût de mon ancien frère d'armes, et cependant il eût dû l'être, car il a le cœur soldat comme moi; mais telle est l'influence atmosphérique de certains salons qu'elle vous trouble souvent la raison comme le cœur.

Je me promenai jusqu'à trois heures en serpentant au milieu de cette foule de *bonne compagnie*, étudiant son esprit, ses intentions et ses vœux. Ses sentiments étaient évidemment hostiles au président et à l'armée; je le déplorais, car là se trouvaient un grand nombre de personnes pour qui l'uniforme doit toujours avoir un caractère sacré, quelle que soit l'épreuve à laquelle soit soumis l'homme qui le porte.

L'esprit de parti ne devrait jamais aller jusqu'à méconnaître la vertu du devoir militaire... Mais, hélas ! de nos jours quelle vertu est à l'abri de la haine politique?

Je m'entretins quelques instants avec un parent du *héros des deux mondes*. Il était d'une exaspération extrême et ne parlait que de prendre ses armes et ses cartouches contre *cet attentat audacieux*. Sa colère se sera sans doute bien vite calmée en présence de l'attitude imposante des troupes, comme aussi de l'indifférence du vrai peuple à l'émotion des habitués du boulevard. L'allié d'un semi-Washington doit être forcément républicain : *Noblesse oblige!*... Je ne l'ai pas revu depuis et ne saurais dire comment sa vertu républicaine a supporté *cette rude épreuve*. . . . .

. . . .

Je quittai la ligne des boulevards pour entrer dans les rues avoisinant la place de la Bourse et le Palais-Royal.

Je voulais tout voir, tout entendre, pour mieux apprécier et juger, car je suis historien chroniqueur et ne m'en rapporte pas à tout le monde.

L'agitation n'existait que sur les boulevards; les rues, comme le Palais-Royal, foyer ordinaire des insurrections, étaient presque désertes; quelques boutiques étaient fermées, les autres ouvertes; on avait seulement fait l'économie d'une partie du gaz. A Paris, le commerçant calcule tout, sait profiter de tout!

Je revins sur les boulevards à cinq heures. Il était temps de rentrer chez moi, étant sur pied depuis huit heures du matin, et cependant je voulais les parcourir jusqu'à la Bastille avant de me reposer de mes fatigues du jour.

Au débouché de la rue et du faubourg Montmartre, la physionomie des groupes avait un caractère différent de ceux du boulevard des Italiens.

Ici le socialisme paraissait dominer; les gamins étaient en jeu, car sur le trottoir de droite, près la rue Vivienne, j'en vis une cinquantaine poursuivant de leurs cris malins de VIVE L'EMPEREUR! deux pauvres diables, dont l'un avait un cache-nez rouge, et qui peut-être avaient maladroitement fait du zèle en faveur de Napoléon, là où son étoile n'était point encore en odeur de sainteté.

Les discussions étaient très-vives dans les groupes; chacun prêtait l'oreille; mais le mouvement des voitures, qui là se croisent en tout sens, ne permettait guère de tout entendre.

Là cependant des sifflets significatifs frappèrent mon oreille; des cris sinistres, avant-coureurs d'événements tragiques retentirent; des orateurs d'estaminet faisaient des frais d'éloquence : c'était un spectacle digne des Variétés, dont cinquante pas à peine le séparaient.

Du boulevard Poissonnière à la porte Saint-Denis, il y avait peu de groupes; mais ici les cris et les sifflets et les *A bas les Ratapoils!* dominaient; les discussions étaient étouffées par les huées : le licenciement de la cinquième légion a donné le mot de l'énigme à qui ne connaîtrait pas l'esprit éminemment révolutionnaire de ce quartier.

A peine arrivé là, j'aperçus, à la pâle lueur des reverbères, car presque toutes les boutiques étaient fermées, une colonne d'infanterie marchant silencieusement sur la chaussée. Je ne pus d'abord distinguer le numéro du régiment, lorsqu'un adjudant-major s'étant arrêté près de moi, je vis que c'était le 33e de ligne, c'est-à-dire la brigade Martin de Bourgon, qui rentrait à ses casernes.

Le passage de cette longue colonne fut salué par les cris de *Vive la République! Vive la Constitution! A bas le tyran!* C'était le premier cri de ce genre qui eût encore frappé mon oreille.

Je remarquai avec plaisir encore l'attitude imposante et silencieuse de ces bataillons au milieu de cette population en émoi.

A la porte Saint-Martin, comme au débouché du faubourg et de la rue du Temple, les groupes paraissaient animés des mêmes sentiments.

Tout à coup un cabriolet lancé à fond de train passa sur la chaussée, en ce moment complétement libre de voitures et de piétons.

L'allure précipitée de ce véhicule fixa mon attention; je ne mis pas en doute que ce fût un émissaire allant au faubourg Saint-Antoine pour y faire arborer l'étendard de l'insurrection.

Pas un soldat, pas un sergent de ville ne se trouvait sur les boulevards; l'émeute pouvait donc s'y organiser en pleine sécurité; elle n'avait pas même à craindre les *paternelles* exhortations de la garde nationale, puisque l'on avait eu la sage prévoyance de la laisser à ses pénates.

Je m'acheminais ainsi, plongé dans mes réflexions philosophico-politiques, lorsque, près du jardin Turc, je rencontrai deux jeunes femmes de mise et de tournure distinguées. Je me permis de les aborder et de leur représenter ce qu'il pouvait y avoir d'imprudent à elles à se trouver ainsi seules, à six heures du soir, dans un quartier si éloigné, et dans des circonstances aussi graves.

— Ah! monsieur, me répondit l'une de ces jolies femmes, nous ne craignons rien! nous allons au faubourg Saint-Antoine pour y voir notre frère, ouvrier ébéniste, et l'engager à ne pas se mêler à ce qui pourrait se passer.

— Ce conseil est fort sage, mesdames, et s'il m'était permis de joindre mes exhortations aux vôtres, je le ferais de grand cœur; car malheur à l'ouvrier honnête qui se laissera entraîner aux barricades pour servir de piédestal à quelque méchant intrigant politique ; il n'en saurait être que la dupe ou la victime.

Ces jeunes femmes, à qui mon ruban de légionnaire avait sans doute inspiré quelque confiance, me remercièrent et voulurent bien m'agréer pour leur chevalier jusqu'à la place de la Bastille.

Heureux de protéger ces deux jeunes femmes contre tout danger et toute insulte, nous avions atteint le théâtre Beaumarchais, lorsque des chants démagogiques se firent entendre vers la Bastille. Cinq minutes après, nous vîmes défiler devant nous, sur la chaussée, se tenant pas le bras et sur trente de front, environ trois cents individus, la plupart en blouses ou bourgerons et marchant au pas précipité, sous le commandement de deux personnages coiffés de chapeaux et couverts de paletots ou redingotes.

Ils entonnaient la *Marseillaise* et se dirigeaient vers la porte Saint-Denis.

A quelque pas derrière suivaient un tilbury et le cabriolet que je venais de voir passer à toute bride. Mes premières impressions se réalisaient donc.

Ce noyau d'émeute, destiné sans doute à former la boule de neige dans toute la longueur du boulevard, où pas une patrouille ne se promenait encore, se recruta de cinq à six cents braillards jusqu'à la porte Saint-Martin, d'où il entra dans cette rue, où cette neige constitutionnelle ne tarda pas à se fondre à la vue d'une simple patrouille de vingt gardes républicains.

Tel fut le résultat de ce premier effort des montagnards en faveur d'une constitution si violemment déchirée, et pour laquelle, disaient-ils, ils mourraient tous jusqu'au dernier !

Je renouvelai à mes jeunes protégées mes craintes de les voir s'engager dans un faubourg dont l'explosion me paraissait imminente d'après cet épisode ; mais le sentiment fraternel, comme le sentiment filial, ne connaît aucun danger, et je reconnus deux héroïnes de cœur dans ces deux êtres si gracieux, mais si faibles en apparence.

La place de la Bastille, que l'on devait supposer envahie par un peuple en fermentation, se trouvait, au contraire, complétement déserte lorsque nous y arrivâmes ; là se termina ma chevaleresque mission ; je pris congé de mes jeunes compagnes, et rentrai chez moi par la rue Saint-Antoine, dont le calme me surprit encore, car je n'y entendis que quelques refrains de *Marseillaise*, que des échos m'apportèrent de je ne sais quelle rue.

LIVRE SEPTIÈME

Tentatives des montagnards pour soulever le faubourg Saint-Antoine. — Réponse énergique des ouvriers. — Ordre chevaleresque du général Marulaz aux soldats qu'il conduit à la barricade. — Mort du représentant Baudin tué par ceux-là mêmes qu'il avait excités au combat. — Fuite de ses confrères. — Effets de cette mort sur le faubourg. — Dispositions militaires pour toute éventualité de combat. — Tableau général et officiel de l'armée de Paris. — Attitude de la population pendant la journée du mercredi 3 décembre. — Patrouilles dans le centre ordinaire des insurrections. — Stupeur et sourde agitation. — Paroles échappées à un chef de barricades. — Ruse de guerre. — Sages prévisions à l'égard des troupes. — Attitude martiale des soldats. — Branle-bas de combat à l'Hôtel-de-Ville. — Enlèvement de barricades. — Bivouacs pittoresques. — Patrouilles de lanciers sur les boulevards. — Manifestations hostiles à leur passage sur le boulevard Poissonnière. — Drame sanglant. — Paroles du général Carrelet.

CHAPITRE XVIII

NUIT DU MARDI AU MERCREDI (2 AU 3)

Pendant ce temps, des représentants de la Montagne s'étaient formés en convention permanente dans l'un des cafés socialistes du faubourg Saint-Antoine, au nombre d'environ soixante.

Et du café du *Peuple* sortit grossièrement autographié en placard le manifeste destiné à faire prendre le fusil à l'armée démagogique plus encore qu'à provoquer le soulèvement des masses contre l'*audacieux lacérateur* de cette infortunée Constitution de 1848. Mais le peuple du faubourg Saint-Antoine resta sourd à cet appel emphatique des vingt-deux Brutus, qui seuls, sur soixante et quelques présents, se permirent l'apposition de leur nom au bas de cette fanfaronnade révolutionnaire, et de ces vingt-deux

Brutus, combien se présentèrent-ils tête levée et drapés dans leur écharpe sur le champ de bataille?

Ils étaient au nombre de TROIS! les citoyens Baudin, Schœlcher et Madier de Monjau.

Les ouvriers rouges du faubourg les forcèrent même à descendre dans la rue pour donner l'exemple et à payer aussi de leur personne, au lieu de ne se présenter jamais que le lendemain du combat pour se partager, comme en 1830 et en 1848, les dépouilles opimes.

— Nous sommes las, disaient avec raison ces ouvriers, de nous faire tuer pour des intrigants et des ambitieux qui nous excitent, nous poussent au combat, pour ne plus se rappeler nos services et notre sang répandu, le lendemain de notre victoire.

Nous ne prendrons donc les armes que si les représentants marchent à notre tête, comme il s'en vantent.

Les trois plus crânes de cette convention au petit pied, à ces paroles, se ceignirent de leurs insignes, et parodiant le serment des Horaces, ces valeureux champions s'élancèrent à huit heures du matin dans la rue de Cotte, où leur premier fait d'armes fut de se retrancher derrière une voiture de fumier, qu'ils aidèrent sans doute, de leurs blanches mains, à renverser en travers de la rue.

Vingt-cinq ou trente ouvriers s'y groupèrent avec eux; mais à peine avaient-ils formé cette barricade que se présenta un détachement du 19e léger, sous le commandement d'un capitaine ayant à ses côtés et l'épée en main le frère du général Marulaz, sous-intendant militaire, qui se rendait seul, à Vincennes, en mission, mais qui, rencontrant cette compagnie au moment où elle marchait à la barricade, se plaça à côté de son capitaine, en volontaire.

Le général avait donné l'ordre au capitaine de ne commencer le feu qu'après avoir essuyé celui des défenseurs de la barricade. Les soldats s'avancent l'arme au bras et reçoivent, à cinquante pas environ, une décharge de douze à quinze coups de fusil, qui tue un sergent, blesse un soldat et tue également une pauvre femme qui allait remplir sa cruche à la fontaine voisine.

Les soldats ripostent, et pendant qu'ils rechargeaient leurs armes, trois individus en paletots avec une ceinture tricolore s'échappent de la barricade et viennent se jeter dans les bras des soldats en les invitant à ne pas tirer. M. le sous-intendant Marulaz les invite à son tour à se retirer, que le feu ayant commencé, il n'était pas prudent de s'y exposer.

Au même instant, une seconde décharge partit de la barricade: le citoyen Baudin tomba frappé d'une balle qui, entrée par la nuque, sortit par le nez. Il fut renversé au milieu même des soldats, qui aussitôt s'élancèrent sur la barricade et l'enlevèrent, mais sans résistance, ses défenseurs s'étant enfuis en laissant sur le pavé un homme du peuple. La mort du citoyen Baudin fut instantanée, les soldats ne relevèrent qu'un cadavre horriblement défiguré, qu'ils prirent d'abord pour un commissaire de police en raison de son écharpe.

Les deux autres représentants durent leur salut à cette même méprise, et se sauvèrent en passant d'une cour dans l'autre, sur des planches dont on avait recouvert le puits qui les séparait. C'était un nouveau vasistas des Arts et Métiers!

Tel fut l'unique exploit guerrier de la *convention* du faubourg Saint-Antoine; il n'a guère justifié, on en conviendra, le *quos ego* de nos vingt-deux montagnards.

Il était néanmoins vraisemblable que, si le manifeste de la convention *omnicolore*, enlevée le matin dans la mairie du 10e arrondissement, n'avait eu d'autre résultat que d'agiter la foule bourgeoise des boulevards, l'appel aux armes de la *convention rouge* produirait de sanglants effets sur les populations du centre et des faubourgs.

Il était donc prudent de se mettre en mesure de tenir tête à l'orage et d'être prêt à tout événement.

La nuit du mardi au mercredi s'était passée sans troubles, malgré les excitations de quelques représentants de la Montagne et de quelques péroreurs en paletot.

Mille bruits étaient répandus et lancés dans le but de raffermir les courages abattus, les esprits stupéfiés par ce coup de foudre. L'appel aux armes des montagnards, affiché d'abord sur divers points du faubourg Saint-Antoine et presque aussitôt arraché par des sergents de ville, commençait à circuler aussi dans quelques quartiers, mais on ne se le communiquait encore que mystérieusement et sous les portes cochères; la stupeur l'emportait sur l'amour de la constitution et le désir de la venger de l'affront qu'elle venait de subir.

On savait l'arrestation de la convention omnicolore, qui avait, elle aussi, lancé son décret de *mise hors la loi* du président, qui s'était permis de prendre les devants, et d'envoyer à Vincennes et à Mazas ceux-là mêmes qui, le 17 novembre, si la proposition des questeurs eût obtenu la sanction parlementaire, eussent décrété d'accusation, à l'instant même, Louis-Napoléon et tous ses ministres.

Le président n'a donc été que plus habile, plus leste et plus audacieux que ses adversaires, auxquels il n'a manqué que le cœur pour prendre l'initiative.

Malgré les décrets *de déchéance et de mise hors la loi, homologués*, disait-on, *par la haute cour;* malgré les appels aux armes, chacun était allé se coucher, comme à l'ordinaire, les démocrates pur-sang en murmurant et maugréant, mais les masses, au contraire, très-paisiblement; les troupes étaient rentrées toutes dans leurs casernes, les postes de sûreté publique seuls avaient été maintenus et quelques-uns doublés, et de minuit à sept heures du matin, Paris jouit de son calme habituel, malgré le brûlot provocateur.

Il était néanmoins probable que, revenus de leur première stupeur, les chefs de parti, qui ne disent jamais leur dernier mot, mettraient tout en œuvre pour lancer aux barricades, et cette fois moyennant finance, leurs enfants perdus; car les masses, je le répète, paraissaient d'une indifférence qui déconcertait leurs projets et leurs illusions; l'armée de Paris reprit donc les armes à six heures du matin; chaque brigade se rendit à son point stratégique, à tout événement.

La brigade Herbillon se rendit comme la veille sur la place de 'Hôtel-de-Ville, et s'y massa, garantissant ainsi ce point important de toute surprise, comme de toute attaque.

Je recommençai ma campagne d'historien et d'observateur politique, à huit heures, en suivant toute la rive droite pour revenir à mon point de départ par les boulevards, à moins de mésaventures imprévues.

Je m'arrêtai vingt minutes à l'Hôtel-de-Ville pour y serrer la main à mon ancien camarade de régiment commandant l'un des bataillons du 6e léger, qui en me voyant arriver à lui me dit :

— Eh bien, mon cher Mauduit, vous étiez donc dans le secret ou vous avez le don de seconde vue, lorsque vous m'annonçâtes sur l'escalier de la Samaritaine tout ce qui se passe en ce moment?

— Je n'étais pas, mon cher ami, dans le secret, et je n'ai point reçu du ciel le don de seconde vue; mais mon simple bon sens, la logique et mes études politiques m'indiquaient à l'avance la marche des événements, que j'avais tracée, comme à vous, à bien des incrédules, qui se croyaient bien habiles et bien puissants il y a quinze jours encore.

Je quittai mon ancien camarade après lui avoir souhaité bonne chance, et pris le pont d'Arcole pour examiner les dispositions militaires prescrites autour de la préfecture de police et du palais de justice, ces deux points si importants en semblables crises; tout m'y parut calme.

Les curieux commençaient, à cette heure matinale pour le Parisien, à déboucher sur le quai et s'y groupaient, les uns autour des *vespasiennes* pour y lire et commenter les décrets fraîchement affichés, et les nouvelles que le gouvernement jugeait utile de faire connaître pour rassurer les hommes d'ordre, et contenir les anarchistes et les hypocrites admirateurs de constitutions, qui se font un jeu de les violer quand leurs intérêts ou leurs passions ne s'y trouvent pas pleinement satisfaits.

La circulation n'était interceptée nulle part encore, et tous les ponts étaient libres.

Les groupes se multipliaient, on y discutait néanmoins avec assez de calme, bien que les avis fussent partagés, les uns blâmant, les autres approuvant le coup d'État.

Je pris le pont des Arts pour repasser la Seine, le faubourg Saint-Germain ne me paraissant pas devoir s'associer à la lutte, s'il devait y en avoir une. Il se reposait sur ses lauriers de la veille.

Je traversai le Carrousel, que je trouvai presque désert. Quelques bataillons d'infanterie occupaient la cour des Tuileries, dont les grilles étaient fermées; leurs armes étaient en faisceaux et les soldats se promenaient les bras croisés et fort calmes; leur attitude me plut.

Je gagnai les boulevards et la Chaussée-d'Antin; là, l'animation de la veille commençait à reprendre son essor, mais la blouse y était très-rare; le paletot, le talma, la redingote ou le crispin y occupaient presque seuls les contre-allées.

Les menaces en paroles retentissaient de toutes parts contre les *Ratapoils*, et l'on ne donnait pas quarante-huit heures d'existence à l'*homme* qui avait osé porter une main sacrilége sur cette infortunée Constitution, que chacun caricaturait, bafouait à qui mieux mieux peu de jours avant.

Étrange caractère que celui du cosmopolite parisien; frondeur par excellence, inconséquent et léger, il ne sait la plupart du temps ni ce qu'il veut ni ce qu'il fait.

Je m'arrêtai quelques instants chez un ami, que je n'avais pas revu depuis le coup d'État, auquel, ainsi que moi, il avait poussé par tous les moyens en son pouvoir, car il fallait sortir, *à tout prix*, de cet impasse au bout duquel se trouvait un abîme; il fallait une solution claire, nette, précise, violente même, à une situation intolérable, sous peine d'un effroyable cataclysme, quelques mois plus tard.

N'ayant pas vu mon fils depuis vingt-quatre-heures, j'allai au cirque des Champs-Élysées, bivouac de sa brigade; son général l'avait envoyé en mission, et attendait son retour pour se mettre en mouvement.

Je l'attendis pendant vingt minutes.

Mon fils arriva et je n'eus que le temps de lui serrer la main... Son général venait d'ordonner le départ de sa colonne qui, là, se composait du 72ᵉ de ligne, d'une batterie d'artillerie et d'une compagnie du génie. La brigade alla prendre sa position à la porte Saint-Denis, où elle resta jusqu'à cinq heures du soir, et revint à son bivouac des Champs-Élysées.

Les autres brigades s'étaient également rendues à leurs points stratégiques, car d'après l'incident du faubourg Saint-Antoine on devait s'attendre à une bataille.

Mais le peuple restait toujours calme, insouciant même à ce débat, or le peuple est la milice des révolutions, tandis que les hommes habillés de Sédan, d'Elbeuf ou de Louviers n'en sont que les officiers, et ceux-ci, la plupart du temps, agissent comme autrefois les officiers autrichiens qui, la bataille engagée, se retiraient, au lieu de payer de leur personne, comme le doit toujours celui qui a l'honneur de commander.

A midi je passai devant l'Élysée, dont les postes étaient doublés seulement et occupés par un détachement de la gendarmerie mobile.

Aux Champs-Élysées il ne resta pas d'autre infanterie, mais la grande avenue était occupée par la division de cavalerie de réserve (1ᵉʳ et 2ᵉ carabiniers, 6ᵉ et 7ᵉ cuirassiers) sous le commandement du général Korte.

A deux heures, toute l'armée de Paris était massée par brigades à ses positions et prête à accepter le combat, si les champions constitutionnels paraissaient vouloir descendre dans la lice et faire autre chose que de la fanfaronnade en l'honneur du parlement en déroute.

Voici le tableau général de cette belle et solide armée, à qui il était réservé de relever le prestige de l'uniforme si tristement polqué par les *héros de* 1830 *et de* 1848.

Pendant ce temps, d'autres régiments d'infanterie et de cavalerie quittaient les garnisons voisines pour venir renforcer ou relever au besoin ceux de Paris.

Une dépêche télégraphique de la veille avait prescrit aux autorites civiles et militaires la plus énergique répression contre toute tentative d'insurrection et de jacquerie.

Comme on le voit, le Président de la république, après avoir arrêté ses plans avec tout le mystère d'un homme d'État consommé, suivait les errements dr Napoléon pour en assurer le succès par d'habiles manœuvres, par des instructions claires, nettes, précises et sans réplique possible : c'est ainsi que l'on s'assure la victoire, c'est ainsi que l'on se montre digne de gouverner un grand peuple comme de le préserver de ses funestes écarts.

Il ne suffit pas aujourd'hui, en Europe, d'avoir pour soi le droit héréditaire, il faut encore y ajouter le droit de la force; car *le droit* sans *la force* n'est et ne sera plus désormais, en France surtout, QU'UNE LOI SANS GENDARMES.

De leur côté les sectionnaires ne restaient point inactifs; ils s'agitaient partout dans Paris pour faire descendre leurs soldats et commencer les barricades. Mais cette milice, toujours si leste à répondre à pareil appel, restait sourde, et l'on m'a cité un des chefs les plus vigoureux des sociétés secrètes qui n'a jamais pu réunir au-delà de sept de ses soldats sur plusieurs centaines, qui tous avaient juré de mourir pour la république démocratique et sociale; de désespoir il s'est embarqué et vogue en ce moment sur l'Atlantique.

Néanmoins quelques barricades s'élevaient dans le quartier Saint-Martin, où il suffit de renverser une voiture pour intercepter aussitôt les communications, et quant au dépavage, l'émeutier parisien n'a pas son pareil en Europe pour l'adresse et la force musculaire.

La nouvelle de la mort du représentant Baudin et des blessures reçues, disait-on, par deux autres montagnards à la barricade du faubourg Saint-Antoine avait produit sur les gamins et les barricadeurs ce que les excitations du boulevard n'avaient pu parvenir à opérer. La lutte semblait donc devoir prendre un caractère sérieux.

L'appel aux armes des montagnards venait d'être affiché dans ce quartier si inflammable en pareilles conjonctures. Cet appel devait produire son effet. Les marchands de vin ne tarderaient pas à se remplir de commentateurs en blouses et paletots râpés, et de là au dépavage et à la prise d'armes il n'y a que le temps de prendre un litre à dix sous ou à huit.

Il était en ce moment trois heures.

Je devais dîner ce jour même chez le célèbre restaurateur de la rue Montorgueil, avec un ami. Je courus l'informer de ce qui se passait et l'engager à remettre prudemment à un autre jour cette partie culinaire pour ne pas nous exposer à être bloqués et pris entre plusieurs barricades sans pouvoir nous en retirer; ce conseil fut compris et le dîner renvoyé à quelques jours.

Les ponts Neuf, au Change et Notre-Dame étaient gardés militairement par la garde républicaine. Toutefois, on pouvait encore passer la Seine d'une rive à l'autre isolément. Le but de ces sages mesures était d'empêcher la communication des émeutiers de la place Maubert et de la Cité avec ceux qui déjà grouillaient dans le Carré-Saint-Martin.

Je continuai mon inspection politico-militaire et m'arrêtai quelques instants sur le pont d'Arcole pour y examiner la physionomie de la population qui entourait les troupes massées sur la place de l'Hôtel-de-Ville, mais dont plusieurs détachements avaient déjà été distraits et faisaient des patrouilles dans les rues du Temple, de Rambuteau, de manière à conserver libres les principales voies de communication avec les boulevards et la Pointe-Saint-Eustache.

Une sorte de stupeur était empreinte sur un grand nombre de figures; on se regardait et l'on cherchait à se deviner, mais on était généralement silencieux.

Les abords de la place étaient garnis d'hommes en blouse et de mine un peu suspecte, les uns les bras croisés, les autres les mains dans les poches, attendant un moment favorable et le dégarnissement de la place pour tenter un hurra sur l'Hôtel-de-Ville, qui sera toujours le point de mire de toutes les insurrections parisiennes.

Mais là se trouvent des forces trop imposantes pour risquer pareille attaque, comme le 24 février 1848.

Les dispositions militaires y sont autrement prises; un escadron de lanciers est en colonne, la lance haute et prêt à balayer la place au moindre mouvement hostile de ce carré de curieux qui encadre les troupes, et l'intérieur de l'Hôtel-de-Ville est garni de soldats destinés à écraser sous leur feu plongeant les masses qui auraient débordé par les diverses issues qui y débouchent.

Ce point stratégique important se trouvait donc à l'abri de toute surprise comme de toute attaque; aussi, entendis-je murmurer à mi-voix ces paroles : « *Laissons fatiguer les troupes encore deux ou trois jours, et nous verrons ensuite.* »

Ce plan a toujours été celui des meneurs, et leur a réussi en 1830 et 1848, grâce à l'incurie des gouvernements de ces deux époques; mais l'expérience profite parfois quand on ne se laisse pas guider par l'ineptie et la présomption.

On ne laissa point cette fois les troupes sur pied, sans feu et sans vivres, pêle-mêle avec une population qui vient embaucher les soldats la bouteille d'une main, le cervelas de l'autre.

Ici, le soldat a ce qu'il lui faut; l'on a pourvu à ses besoins et sa soupe se cuit dans sa caserne, pendant qu'il veille et se tient prêt au combat.

Il fraye peu avec les curieux, et, si on l'interroge, il vous répond par monosyllabes accentués de manière à vous laisser peu d'espérance de pouvoir lier conversation.

Un cordon de factionnaires ambulants sépare le public et le tient à distance. Tous ont le sac au dos et sont munis de leurs ustensiles de campagne; et bien que le temps fût, comme la veille, humide et froid, nulle trace de fatigue ni de mollesse ne se fait remarquer sur les traits des soldats.

Cette attitude me plut encore, et je me dis que la leçon serait rude cette fois pour les émeutiers parisiens s'il leur prenait fantaisie de provoquer la lutte.

Je quittai la place de l'Hôtel-de-Ville à quatre heures et me rendis à la Bastille pour y avoir, s'il était possible, quelques détails positifs sur la mort du représentant Baudin et sur l'enlèvement de la barricade de la rue de Cotte, car chacun avait sa version.

La place de la Bastille était occupée par la brigade du général Marulaz. L'infanterie était massée aux pieds de la colonne, les uns faisant face à la rue du Faubourg, les autres à la rue Saint-Antoine; la batterie était parquée entre la colonne et le poste, sous la garde spéciale du 19e léger.

Un cordon de factionnaires ambulants se croise sans cesse autour de la place et ne permet à personne de la franchir pour se rendre sur le boulevard.

Je pus obtenir cette faveur en me nommant à un capitaine du 19e léger, dont le régiment avait, le matin, perdu un homme à l'enlèvement de la barricade où fut tué le représentant de la Montagne.

Sur ce point comme sur la place de l'Hôtel-de-Ville, nulle surprise, nulle attaque n'était à redouter; les troupes étaient sur le qui vive, et à leur tête se trouvait l'un des généraux les plus énergiques, les plus jeunes et les plus actifs de l'armée, l'intrépide Marulaz, digne fils de son père.

Je traversai la place au milieu même des soldats dont j'admirais l'attitude guerrière, et j'enfilai le boulevard avec la pensée de visiter également les brigades de la 1re division que je savais y être échelonnées.

La nuit commençait à s'annoncer, bien qu'il ne fût encore que cinq heures, mais le temps était brumeux.

J'avais à peine fait deux cents pas que j'aperçus venir de la Bastille une patrouille d'infanterie précédée de son avant-garde; elle était d'environ deux cents hommes; derrière elle, à cinquante pas, marchait par quatre un escadron de lanciers, précédé de quatre trompettes.

Ces dispositions m'indiquèrent que l'on s'attendait à combattre, et que le boulevard ne serait pas libre longtemps.

Le plus grand silence régnait dans les rangs; ni tambours, ni trompettes ne se faisaient entendre. Rien n'est plus imposant que ce mutisme des troupes dans des conjonctures aussi solennelles. Le soldat sait qu'il marche peut-être à la mort, et s'y rend d'un pas ferme et cadencé, et la tête haute. O puissance magique du devoir militaire!...

Comme j'arrivais au débouché d'une des rues aboutissant à la place Royale, plusieurs voltigeurs reçurent l'ordre devant moi d'intercepter le boulevard et de faire rebrousser chemin.

Je dus me conformer à cette consigne et revenir à l'Hôtel-de-Ville par la rue Saint-Antoine, dont la circulation était encore libre.

Je souhaitais y revoir mon ancien camarade, et savoir ce qu'il était devenu pendant cette journée d'émotion et de branle-bas de combat.

Il faisait nuit close; partout les boutiques se fermaient, moins celles des épiciers et marchands de vin, pour qui ces jours de crise sont toujours des bonnes fortunes; les boulangers auraient pu fermer les leurs, car il ne s'y trouvait même plus un pain de quatre livres; chacun avait fait sa provision par prudence.

A l'angle de l'une des rues débouchant dans la rue Saint-Antoine, j'aperçus un groupe de quarante à cinquante individus qui, à la pâle lueur d'une chandelle, lisaient un placard. Je m'en approchai, et j'entendis lire les noms des membres *du Comité consultatif*, et, je dois le dire, je remarquai plus de critique que d'approbation sur ce premier choix de conseillers; elles n'étaient, en effet, que trop fondées pour bon nombre des élus.

Un demi-bataillon du 6e léger passa près de moi se rendant en toute hâte à son bivouac, établi sur l'emplacement des démolitions situé entre Saint-Gervais et l'Hôtel-de-Ville. Il venait de ses baraques de l'île Louviers, où il était allé manger la soupe.

Plusieurs bataillons s'y trouvaient déjà au bivouac.

Celui de mon camarade n'y étant pas, un sergent de son régiment m'accompagna et me fit traverser la cour de l'Hôtel-de-Ville. qui servait de parc à la batterie du général Herbillon.

Une grande agitation y régnait; on attelait les pièces. Le lieutenant-colonel Desmarets, du 6e léger, n'eut que le temps de me presser la main en passant, et courut au bivouac de son régiment. Je ne m'expliquais point ce mouvement; mais, à quelques paroles des artilleurs, je ne mis plus en doute que le combat ne fût engagé dans le Carré-Saint-Martin.

Tout à coup j'aperçus la place éclairée comme par un feu d'artifice; je crus à un vaste incendie... C'étaient les cinq ou six énormes bivouacs établis depuis le pont d'Arcole jusqu'à l'extrémité de la place, qui projetaient leurs flammes jusqu'à la hauteur du second étage.

Les soldats, en rentrant d'une reconnaissance, avaient fait une razzia de planches qui avaient servi aux barricades démolies par eux, et là se racontaient gaîment cette petite expédition, où ils avaient échangé quelques coups de fusil avec les défenseurs de ces mêmes barricades.

L'aspect de la place de l'Hôtel-de-Ville, en ce moment, présentait le tableau le plus pittoresque.

Chaque feu avait autour de lui deux ou trois cents soldats de toutes armes; à l'un d'eux l'on voyait flotter les flammes d'une centaine de lances que les cavaliers tenaient en main pendant que leurs chevaux, tout sellés, bridés, étaient rangés à quelques pas d'eux.

L'infanterie avait ses armes en faisceaux. Là se trouvaient en ce moment le 3e léger, récemment arrivé à Versailles, le 3e de ligne et le 9e bataillon de chasseurs à pied.

Avant de rentrer, je voulus voir le général Magnan et lui communiquer mes impressions de la journée; j'avais poussé depuis longtemps au coup d'État, j'en souhaitais donc le succès!

Je le félicitai et me réjouis avec lui de l'imposante attitude des troupes, que je l'engageai toutefois à faire rentrer vers minuit, ainsi que tous les postes isolés, bien convaincu, d'après la physionomie de la population, que l'on n'avait rien de bien sérieux à redouter pendant cette nuit, et qu'il ne fallait pas entrer dans les calculs des chefs de parti, qui étaient de fatiguer les soldats par des escarmouches de cosaques, et de ne livrer sérieusement bataille qu'alors que l'on croirait les avoir exténués de fatigue et de besoin.

Vers minuit, en effet, les troupes rentrèrent, en ramenant même tous les postes isolés et de sûreté publique.

Les émeutiers et les sectionnaires eurent donc le champ libre pour leurs plans stratégiques et descendre dans l'arène. Nous allons les juger à l'œuvre tous ces vigoureux athlètes de la république démocratique et sociale.

Je rentrai vers huit heures et me couchai après avoir crayonné quelques notes sur ce que j'avais vu et appris depuis le matin.

Toutefois, je m'endormis avec la pensée intime d'assister à une bataille le lendemain.

Pendant que les colonnes mobiles des brigades Herbillon et Bourgon enlevaient et détruisaient les barricades des quartiers Saint-Martin et Saint-Denis, il se passait sur les boulevards de bien tragiques événements.

Le général Reibell, à la tête du 7e de lanciers, venait de faire une reconnaissance depuis la Bastille jusqu'à la Madeleine; le colonel Féray, habitué aux champs de bataille d'Afrique, frémissait de colère de s'être vu forcé de subir en silence les hurlements et les menaces d'une population en furie.

Peu après cette reconnaissance, vers dix heures et demie du soir, le colonel de Rochefort, du 1er de lanciers, reçut l'ordre de partir avec deux escadrons seulement pour maintenir la circulation sur les boulevards, depuis la rue de la Paix jusqu'au boulevard du Temple; cette mission était d'autant plus difficile et délicate, qu'il lui avait été interdit de repousser par la force d'autres cris que ceux de :

« *Vive la république démocratique et sociale.* »

Le colonel, pressentant ce qui allait arriver, avait prévenu tout son détachement de n'avoir point à s'étonner de la foule qu'il aurait à traverser et des cris poussés par elle; il prescrivit à ses lanciers de rester calmes, impassibles jusqu'au moment où il ordonnerait la charge, et une fois l'affaire engagée de ne faire grâce à qui que ce fût.

Le colonel mit ses deux escadrons en marche, en colonne par peloton.

A peine parvenu sur le boulevard, à la hauteur de la rue de la Paix, il se trouva en présence d'un flot de population immense, manifestant l'hostilité la plus marquée, sous le masque du cri de *vive la république*!!! Ces cris convenus étaient accompagnés de gestes menaçants.

Le colonel de Rochefort avait ordonné à son état-major d'être toujours à cinq pas en arrièee de lui, voulant être seul en avant afin d'inspirer plus de confiance à ses lanciers et d'en imposer par son calme à ceux qui évidemment avaient pour but de l'intimider par leurs vociférations.

L'œil attentif et l'oreille tendue pour ordonner la charge au premier cri séditieux, le colonel continua à marcher ainsi au pas, poursuivi de hurlements affreux jusqu'au boulevard du Temple, où il ne rencontra plus de foule, mais où régnait, au contraire, la tranquillité la plus parfaite.

Le colonel ayant reçu l'ordre de charger tous les groupes qu'il rencontrerait sur la chaussée, il se servit d'une ruse de guerre, dont le résultat fut de châtier un certain nombre de ces vociférateurs en paletots.

Il masqua ses escadrons, pendant quelques instants, dans un pli de terrain du Château-d'Eau, pour leur donner le change et leur laisser croire qu'il était occupé du côté de la Bastille; mais faisant brusquement demi-tour sans être aperçu, et prescrivant aux trompettes et à l'avant-garde de rentrer dans les rangs, il se remit en marche au pas, jusqu'au moment où il se trouva à l'endroit le plus épais de cette foule, compacte et incalculable, avec l'intention de piquer tout ce qui s'opposerait à son passage.

Les plus audacieux, enhardis peut-être par la démonstration pacifique de ces deux escadrons, se placèrent en avant du colonel et firent entendre les cris insultants de :

« *Vive l'Assemblée nationale* ! ! !

« *A bas les traîtres* ! »

Reconnaissant à ce cri une provocation, le colonel de Rochefort s'élance, comme un lion furieux, au milieu du groupe d'où elle était partie, en frappant d'estoc, de taille et de lance ; il resta sur le carreau plusieurs cadavres.

Dans ces groupes ne se trouvaient que peu d'individus en blouse.

Les lanciers subirent cette rude épreuve morale avec un calme admirable, leur confiance n'en fut point ébranlée un moment, et cependant c'étaient, pour la plupart, de jeunes soldats, commandés, il est vrai, par des officiers énergiques et des sous-officiers intelligents, vigoureux et dévoués.

De retour à la place Vendôme, et sa mission accomplie, le colonel de Rochefort s'empressa d'en rendre compte au général de division Carrelet, en lui représentant tout ce qu'il pourrait y avoir de dangereux à ne pas dissiper entièrement, au moyen d'une brigade de cavalerie, flanquée d'infanterie, la foule immense et provocatrice qui s'était emparée de la ligne des boulevards, depuis la rue de la Paix jusqu'à la porte Saint-Martin :

— « *Soyez tranquille*, mon cher colonel, répondit le général Carrelet, *s'ils veulent la bataille, ils l'auront demain.* »

LIVRE HUITIÈME

Proclamation du général de Saint-Arnaud, ministre de la guerre, à l'armée rouge; ses conseils à qui de droit. — Leur effet. — Dispositions stratégiques du général Magnan, général en chef de l'armée de Paris. — Esprit des soldats; sentiments et caractères de leurs chefs. — Mesures du colonel Gastu pour la défense spéciale de la Cité. — Attitude martiale de la Garde républicaine. — Conseils à ce sujet. — Préparatifs de combat de l'armée rouge; personnel de cette armée; ses plans et ses barricades; ses propos et ses proclamations; sentiments qu'ils inspirent. — Deux *héroïnes* démagogiques et leurs chevaliers bannerets; un dernier *des vainqueurs* de la Bastille. — Le barricadeur philosophe. — Projets de surprise sur l'Hôtel-de-Ville.

CHAPITRE XIX

JEUDI, 4 DÉCEMBRE, 8 HEURES DU MATIN

Sorti de chez moi, à 8 heures du matin, je commençai, comme la veille, mon inspection par la place de l'Hôtel-de-Ville; mon attention fut d'abord attirée par la proclamation du ministre de la guerre qui rappelait, en termes énergiques que, d'après les lois de l'état de siége, tout individu pris les armes à la main, défendant ou construisant une barricade, serait *fusillé*.

Il rendait aussi complices des insurgés les porteurs de fausses nouvelles.

Cette proclamation a dû faire tomber à l'avance plus d'une arme des mains des émeutiers, car *ces héros* n'entendirent jamais encore pareil langage. Elle était affichée sur les murs du poste même de la garde républicaine, établi sur le quai aux Fruits, et je remarquai avec plaisir que le poste était fermé et les soldats rentrés à leur corps.

Ainsi que je l'ai dit plus loin, le plan du général Magnan était de laisser l'armée socialiste prendre ses positions et dessiner ses lignes pour pouvoir ensuite la combattre par un mouvement convergent de toutes ses brigades, de manière à l'envelopper dans un réseau de fer et à l'écraser partout à la fois.

A cet effet, toutes les troupes quittèrent leurs casernes ou leurs bivouacs vers une heure pour se rendre à leurs positions respectives de combat.

La brigade Bourgon se dirigea vers la porte Saint-Martin, en débouchant sur le boulevard par la rue du Faubourg-Poissonnière.

La brigade de Cotte se massait sur le boulevard des Italiens, ayant derrière elle la brigade Canrobert.

Ces deux brigades devaient être appuyées par les deux régiments de lanciers du général Reïbell, qui se formèrent en colonnes par pelotons dans la rue de la Paix.

A la tête de cette formidable colonne d'attaque, se trouvait le général de division Carrelet.

Un escadron du 1er régiment de lanciers lui servait d'éclaireur, et cet escadron était lui-même protégé à gauche par des chasseurs à pied, à droite par des gendarmes mobiles. Cette solide avant-garde, dont le commandement fut confié au colonel de Rochefort, avait pour mission spéciale de balayer les boulevards de tous les curieux qui, malgré l'*avis* du général de Saint-Arnaud, gênaient encore les mouvements stratégiques de l'armée.

Pendant ce temps le général Dulac, avec une partie de sa brigade de réserve, partait du Carrousel pour aller occuper sa position centrale de la Pointe-Saint-Eustache, en face même de l'armée ennemie, concentrée, en ce moment entre les rues de Rambuteau, Montorgueil, Saint-Denis, Saint-Martin et du Temple, ayant ses postes avancés sur les boulevards et ses vedettes aux débouchés des quais et des abords de l'Hôtel-de-Ville, étendant son aile droite dans le faubourg Saint-Martin, qu'elle occupait en forces.

Pendant que le général Carrelet faisait exécuter ces dispositions à ses cinq brigades, le général Levasseur formait ses colonnes d'attaque sur la place de l'Hôtel-de-Ville, quartier général de sa division.

De sa personne il se mettait à la tête de la colonne chargée de parcourir dans toute sa longueur, jusqu'au Château-d'Eau, la rue du Temple et ses annexes, pendant qu'il confiait au général Herbillon le commandement de la colonne chargée de l'attaque de la rue Saint-Martin, en marchant parallèlement à celle du général Levasseur.

La colonne du général Levasseur était disposée ainsi qu'il suit :

Une section du génie, précédée d'une avant-garde.

Une pièce d'artillerie, flanquée à droite et à gauche de trois compagnies de chasseurs du 9e bataillon, sous les ordres de leur chef de bataillon, M. Auzouy.

Le 2e bataillon du 6e léger, sous le commandement du colonel O'Keffe et de son chef de bataillon Rosay. Le bataillon était précédé des sapeurs du régiment.

Le 2e bataillon du 3e de ligne, sous le commandement supérieur du lieutenant-colonel de Saint-Andéol et de son chef de bataillon Martin jeune. Cette colonne formait environ 1,200 combattants.

La colonne du général Herbillon était composée :

D'une section du génie, précédée d'une avant-garde.

D'un obusier flanqué de trois compagnies du 9e bataillon de chasseurs à pied.

Des 1er et 3e bataillons du 3e de ligne, sous le commandement supérieur de leur colonel, M. Chapuis, et sous les ordres directs des chefs de bataillon Martin aîné et Suderie. Cette colonne était d'une force égale à la première.

Toutes deux quittèrent la place de l'Hôtel-de-Ville vers deux heures, et se séparèrent à la coupure de la rue du Temple et de la rue de Rambuteau

Le général Levasseur continua à marcher dans la rue du Temple pour atteindre le boulevard. Le général Herbillon se dirigea vers la rue Saint-Martin, où il devait renverser tout ce qu'il rencontrerait.

De son côté le général Marulaz, après avoir laissé le 19e léger et une section de sa batterie sur la place de la Bastille, pour y observer le faubourg Saint-Antoine et la ligne du boulevard qui longe le canal, le général Marulaz se rendait à la tête du 44e de ligne et de sa seconde section d'artillerie sur la place du Châtelet pour attaquer la rue Saint-Denis par cette extrémité, pendant que le général de Cotte l'attaquerait de front par le côté opposé.

En même temps, de Vincennes partait le général de Courtigis à la tête de sa brigade pour venir prendre position au rond-point de la barrière du Trône.

Quoi qu'il en soit des obstacles que présentaient certaines dispositions d'ailleurs très-habilement prises, l'armée fera son devoir, et par son élan comme par sa discipline, par sa valeur éprouvée, comme par son impatience de venger ses affronts de 1830 et surtout ses cruelles humiliations de 1848, gare à tout ce qui va tenter de lui barrer le passage lorsqu'elle recevra l'ordre de se porter en avant !...

Le combat sera terrible et vigoureusement dirigé, car si tous les soldats sont braves et animés du désir d'une revanche éclatante, jamais peut-être armée ne fut commandée par des généraux et des chefs de corps plus énergiques, je dirai presque plus crânes et plus prodigues de leur personne sur un champ de bataille. Lié de vieille date avec la plupart d'entre eux, personne plus que moi peut-être n'est à même de les apprécier et de rendre à tous la justice qu'ils méritent, et j'ose dire que ce ne fut pas l'un des témoignages les moins positifs de l'habileté comme de la réalisation prochaine des projets du prince Louis-Napoléon, que la réunion de pareils chefs militaires à la tête de pareils corps, qui presque tous avaient fait la guerre d'Afrique et le siége de Rome.

CHAPITRE XX

DISPOSITIONS DÉFENSIVES DE LA CITÉ

Après l'Hôtel-de-Ville, l'une des positions les plus importantes à défendre contre toute invasion populaire était, sans contredit, l'île de la Cité; aussi me suis-je souvent demandé comment il n'était encore venu à la pensée d'aucun gouvernement d'y raser tous ces repaires infects et d'y élever une caserne modèle, monumentale et à l'abri de toute surprise; en un mot, une citadelle chargée de la protection du Palais de Justice, de la Préfecture de police, de la Conciergerie, comme aussi d'intercepter toute communication entre les deux rives dans les jours de fièvre politique à laquelle la population parisienne est si sujette.

C'est un conseil militaire que je me crois quelque droit de donner ici en passant, en y ajoutant le vœu que son exécution ne se fasse point attendre ; gouvernement, Paris et Cité n'auraient qu'à y gagner.

La défense de cette position fut confiée exclusivement à l'intrépide colonel Gastu et à son admirable corps, et je dois le proclamer ici, comme un juste hommage à rendre aux officiers comme aux soldats, jamais dispositions ne furent mieux prises, plus ponctuellement, plus énergiquement exécutées. Aussi eurent-elles pour résultat et pour juste récompense d'empêcher toute tentative d'insurrection sur ce point, comme d'enlever aux frères et amis de la place Maubert et des quartiers Saint-Jacques et Saint-Marceau toute envie de s'échapper de leurs tanières pour se réunir à leurs frères de la rive droite. Contenu de front par la garde républicaine, et sur leur base habituelle d'opération par la division du général Renault massée au Panthéon, au Luxembourg et sur la place Saint-Sulpice, pas un émeutier n'osa descendre dans la rue le fusil à la main, comme en juin 1848. Honneur donc à la garde républicaine dont l'attitude sut si bien en imposer à cette multitude toujours si disposée à se jeter tête baissée partout où semble se présenter quelque symptôme de désordres !

Les dix ponts qui entourent la Cité étaient tous gardés militairement. Chacun avait ses sentinelles avancées, ses grand'gardes et ses réserves à portée ; des vedettes occupaient toutes les croisées des angles de rues; les ponts les plus larges, et particulièrement les ponts Saint-Michel, au Change, de Notre-Dame, le Pont-Neuf et celui qui donne issue au quartier Saint-Jacques, avaient à chacune de leurs extrémités un peloton de garde républicaine à pied, et à dix pas en arrière un autre peloton de la garde à cheval, ayant tous le sabre au poing et le mousqueton en bandoulière ; tous étaient prêts à venger leurs camarades si horriblement assassinés sur la place de l'Hôtel-de-Ville le 24 février 1848, tout désarmés qu'ils fussent et tout garantis qu'ils eussent dû l'être par la capitulation consentie par eux avant de céder la préfecture de police aux délégués officieux du peuple et de la garde nationale.

Mais les émeutiers ne se hasardèrent pas à leur offrir cette revanche; bien leur en prit !...

CHAPITRE XXI

PRÉPARATIFS DE COMBAT DE L'ARMÉE ROUGE

Le général en chef ayant, à minuit, fait rentrer toutes les troupes et tous les postes, Paris se trouva livré aux frères et amis de la montagne et des sociétés secrètes. Les professeurs de barricades eurent donc le champ libre pour en parcourir sans danger tous les repaires et tous les carrefours, et, la *canne blanche* à la main, d'ordonner les dispositions du combat.

Les quelques barricades enlevées et détruites de huit à dix heures du soir par les patrouilles des généraux Bourgon et Herbillon, dans les rues de Rambuteau, Beaubourg, Transnonain, Aumaire, du Temple, Saint-Martin et Saint-Denis furent reconstruites en l'absence des troupes et des sergents de ville qui, eux aussi, avaient reçu l'ordre de rentrer soit à la Préfecture de police, soit à leurs quartiers généraux respectifs.

Le plan du général en chef était de laisser l'armée rouge établir ses lignes de bataille pour voir enfin de face tous ces fiers socialistes dont les menaces anticipées faisaient trembler l'Europe entière.

De huit à dix heures du matin, le centre de l'armée rouge était établi dans ses positions et s'y croyait assez fortement retranché pour pousser ses grand'gardes jusqu'aux débouchés des boulevards et des quais.

Les portes Saint-Denis et Saint-Martin, ces deux citadelles de toutes les insurrections parisiennes ne tardèrent pas à être enveloppées par une nuée de gamins de seize à vingt ans et d'hommes à figures sinistres, au milieu desquels se faisaient cependant remarquer quelques individus à tournure plus relevée et paraissant avoir une certaine puissance d'autorité sur ces groupes, car ils distribuaient à chacun d'eux leurs rôles et les points à occuper.

La porte Saint-Denis se trouva bientôt enfermée dans un carré parfait de barricades ; la rue Saint-Denis fut barrée par une parisienne que l'on renversa après en avoir dételé et renvoyé les chevaux.

Les bases de ces barricades se composèrent toutes de voitures et d'omnibus renversés pêle-mêle et consolidés entre eux par les matériaux que l'on pouvait avoir sous la main, pendant que d'autres soulevaient les pavés et les jetaient au milieu de ces véhicules amoncelés.

A midi, tout le boulevard Saint-Denis et Saint-Martin était barricadé ainsi que les débouchés de leurs faubourgs ou de leurs rues, telles que les rues de Bondy, Meslay, de Cléry, de la Lune.

A midi cinq minutes, l'on vit s'établir le poste avancé de l'armée rouge sur le boulevard Bonne-Nouvelle et prendre position, la droite appuyée à la rue Mazagran et la gauche à l'angle extrême de la rue de le Lune; c'était la tête de pont de l'insurrection que devaient garder une centaine d'hommes armés de fusils, pendant qu'une centaine d'autres, non armés encore, élèveraient le retranchement.

Une multitude de curieux de tout âge et de tout sexe assistaient *à ce spectacle*, soit sur le boulevard même, soit de leurs balcons, et pas un cri désapprobateur, pas un geste ne s'opposaient à ces préparatifs de guerre civile. C'est toujours ainsi qu'agit le bourgeois de Paris en semblables conjonctures; il se croise les bras, regarde et rit de ces désordres, lorsqu'il ne lui prend pas la fantaisie de jeter son cigare et de se mêler aux dépaveurs pour hâter le drame, dont il sera peut-être la première victime : juste récompense de son imbécilité politique.

Près de deux heures furent laissées à cet avant-poste pour s'établir; neuf voitures de déménagement ou omnibus furent les premiers éléments de ce redan.

Le bureau de l'inspecteur des fiacres, situé à quelques pas, fut enlevé et renversé; les colonnes vespasiennes, les bancs, l'escalier qui mène à la rue de la Lune, furent démolis, et les matériaux amoncelés au pied des voitures. Cent cinquante bras vigoureux se cramponnent à la rampe, la secouent, et finissent par l'arracher, au risque de se voir écraser sous une montagne de pierres de taille ou de gravois.

Pendant ce temps, un *monsieur* très-bien vêtu était monté sur l'échafaudage de la maison en construction au coin de la rue Mazagran, et là, le cigare à la bouche, il S'AMUSAIT, avec toute l'impassibilité d'un philosophe, à couper toutes les cordes qui liaient entre elles, depuis le sol jusqu'au sommet, toutes les parties de cet échafaudage; en quelques minutes tout s'écroula, et l'entrée du boulevard sur ce point se trouva en un clin d'œil barricadée : que l'on dise encore que le citadin de Paris n'a pas le génie du désordre, et l'amour de la destruction!...

Une lunette fut établie à la hauteur du poste Bonne-Nouvelle, et observait la rue Hauteville et les boulevards Montmartre et Poissonnière; elle fut construite également avec des voitures et des débris de vespasiennes et de persiennes arrachées de leurs gonds, où depuis vingt-quatre heures à peine elles avaient été placées.

A deux heures, cette partie du boulevard était prête à recevoir le choc de l'armée.

Le drapeau du poste évacué fut planté sur la barricade principale, et solidement attaché au sommet qu'il dominait à la hauteur de 12 à 15 pieds; il n'y avait plus qu'à le défendre, c'est ce que je dirai bientôt.

Parmi les défenseurs se faisait remarquer une femme du peuple, armée d'un sabre, passé en bandoulière sur ses épaules; elle s'était blessée à la main en travaillant à une barricade. Un homme en blouse et armé d'un fusil se présente, et fait aussitôt l'office de chirurgien en pansant l'amazone du boulevard Bonne-Nouvelle.

Pendant cet incident, un vieillard à cheveux blancs descend sur la chaussée. De la main gauche il s'appuie péniblement sur une canne, tandis que de sa main droite il tient un fusil et vient prendre sa place parmi les défenseurs de la barricade. Cet octogénaire était sans doute l'un des derniers débris des *vainqueurs* de la Bastille!... Le brave homme! que de constitutions n'a-t-il pas vu, depuis lors, fouler aux pieds; et il avait la naïveté de croire que, *par son dévouement*, il pourrait préserver celle de 1848 du naufrage commun : quelle illusion révolutionnaire!...

Un épisode non moins semi-comique se passait au même instant sur l'une des barricades de la porte Saint-Denis.

Une *Jeanne d'Arc* démagogique s'était posée *en héroïne* du cirque olympique sur le sommet d'une barricade, et là, sous la protection de deux chevaliers en bourgerons et au port d'armes, elle lut de toute la puissance des poumons d'une femme libre la proclamation de la *convention rouge*, sortie de l'officine montagnarde du faubourg Saint-Antoine.

Voici ce chant du cygne; je ne saurais, en historien fidèle, en priver la postérité :

« VIVE LA RÉPUBLIQUE!

« VIVE LA CONSTITUTION!

« VIVE LE SUFFRAGE UNIVERSEL!

« LOUIS-NAPOLÉON est UN TRAITRE!

« Il a *violé la constitution*!

« Il s'est mis hors la loi!

« Les représentants républicains rappellent AU PEUPLE et à l'armée l'article n° 68 et l'article n° 110 ainsi conçus :

« L'assemblée constituante confie la défense de *la présente cons-* « *titution* et les droits qu'elle consacre à la garde et au patrio- « tisme de tous les FRANÇAIS. »

« Le PEUPLE *désormais* est *à jamais* en possession du suffrage universel, il n'a besoin d'aucun prince pour *le* lui rendre, et châtiera LE REBELLE. Que LE PEUPLE fasse son devoir!

« Les représentants républicains marcheront à sa tête.

« Signé : Michel (de Bourges), Schœlcher, le général Laydet, Mathieu (de la Drôme), Lasteyras, Brives, Bremaud, Joigneaux, Chauffour, Cassal, Gillaud, Jules Favre, Victor Hugo, Emmanuel Arago, Madier de Monjau aîné, Mathé, Signard, Rongeot (de l'Isère), Viguier, Eugène Sue, Esquiros, de Flotte. »

Pendant que cette *héroïne* se faisait le porte-voix du manifeste montagnard, d'autres sectaires placardaient sur les portes Saint-Denis et Saint-Martin la proclamation suivante, tout aussi édifiante que la première par l'*harmonie* qu'elle confirmait entre la convention du faubourg Saint-Antoine et l'*omnicolore* du 10e arrondissement; je dois donc aussi faire hommage à mes lecteurs de ce chef-d'œuvre historique :

« AUX TRAVAILLEURS

« Citoyens et compagnons,

« Le pacte social est brisé!

« Une majorité royaliste, de concert avec Louis-Napoléon, a violé la constitution le 31 mai 1850.

« Malgré la grandeur de cet outrage, nous attendions, pour obtenir l'éclatante réparation, l'élection générale de 1852.

« Mais hier celui qui fut le président de la république a effacé cette date solennelle.

« Sous prétexte de restituer au peuple un droit que nul ne peut lui ravir, il veut en réalité le placer sous une dictature militaire.

« Citoyens !

« Nous ne serons pas dupes de cette ruse grossière. Comment pourrions-nous croire à la sincérité et au désintéressement de Louis-Napoléon ?

« Il parle de maintenir la république, et il jette en prison les républicains.

« Il promet le rétablissement du suffrage universel, et il vient de former son conseil consultatif des hommes qui l'ont mutilé.

« Il parle de son respect pour l'indépendance des opinions, et il suspend les journaux, il envahit les imprimeries, il disperse les réunions populaires.

« Il appelle le peuple à une élection, et il le place sous l'état de siége. Il rêve on ne sait quel escamotage perfide qui mettrait l'électeur sous la surveillance d'une police stipendiée par lui.

« Il fait plus, il exerce une pression sur nos frères de l'armée, et viole la conscience humaine, en les forçant de voter pour lui, sous l'œil de leurs officiers, en quarante-huit heures.

« Il est prêt, dit-il, à se démettre du pouvoir, et il contracte un emprunt de 25 millions, engageant l'avenir sous le rapport des impôts qui atteignent directement la subsistance du pauvre.

« Mensonge, hypocrisie, parjure, telle est la politique de cet usurpateur !

« Citoyens et compagnons,

« Louis-Napoléon s'est mis hors la loi ! la Majorité de l'assemblée, cette Majorité qui a porté la main sur le Suffrage Universel, est dissoute.

« Seule, la Minorité garde une autorité légitime. Rallions-nous autour de cette Minorité. Volons à la délivrance des républicains prisonniers ; réunissons au milieu de nous les représentants fidèles au suffrage universel ; faisons-leur un rempart de nos poitrines ; que nos délégués viennent grossir leurs rangs et forment avec eux le noyau de la nouvelle assemblée nationale.

« Alors réunis au nom de la constitution, sous l'inspiration de notre dogme fondamental, *liberté, fraternité, égalité*, à l'ombre du drapeau populaire, nous aurons facilement raison du nouveau César et de ses prétoriens.

« Signé : LE COMITÉ CENTRAL DES CORPORATIONS. »

« P. S. La ville de Reims est au pouvoir du peuple ; elle va envoyer à Paris, au milieu de ses patriotiques phalanges, ses délégués à la nouvelle assemblée.

« Les républicains proscrits reviennent dans nos murs seconder l'effort populaire. »

Que de verbiage et de mensonge dans cette proclamation aux *frères* et *amis* de l'aréopage démagogique!

Néanmoins toutes ces gasconnades révolutionnaires devaient jeter aux barricades les enfants perdus, les têtes ardentes, et surtout la crapule de Paris; aussi quelles paroles rassurantes n'entendait-on pas s'échapper de la plupart de ces bouches impures!... Et quels anathèmes contre les riches, contre la société, et surtout contre les *robes de soie*!... Ils sont, comme on le voit, très-galants, les *chevaliers* de la montagne!... IN VINO VERITAS!

Un jeune homme appartenant à une famille honorable, que son exaltation démocratique avait poussé à se placer au nombre des champions des barricades de la porte Saint-Denis, en recula tellement d'horreur qu'il jeta là son fusil et ses cartouches, et rentra dans sa famille inquiète, en jurant *qu'on ne l'y reprendrait plus*!...

Il m'est revenu que plus d'un républicain a déjà fait le même serment, n'étant nullement jaloux des lauriers rouges de Clamecy, de Poligny, et de tant d'autres lieux devenus célèbres depuis le 2 décembre 1851.

Les faubourgs Saint-Denis et Saint-Martin se couvraient aussi de barricades; ce voisinage des barrières de la Chapelle, de la Villette et de la Courtille, est d'un recrutement facile à pareils jours, et à midi une colonne descendue de ces bouges avait déjà planté son étendard rouge sur la mairie du 5e arrondissement, après avoir désarmé *sans résistance* le poste de garde nationale, et s'être emparée de toutes les armes qui se trouvaient à cette mairie. Ce qui coûtera cher bientôt aux auteurs de ce coup de main.

Cependant des émeutiers se faufilaient isolément dans les maisons qui avoisinent ou bordent la place de l'Hôtel-de-Ville, et s'y établissaient de gré ou de force pour y attendre l'instant d'en tenter l'assaut, à la première faute commise par ceux chargés de la défense de ce point important.

Cette opération se fit avec tant de mystère et de ruse que l'on ne s'en aperçut qu'au moment de s'en trouver les victimes. J'en donnerai bientôt la preuve, dont personne encore ne se doute à Paris; je serai le premier à le réveiller en sursaut à la nouvelle des dangers auxquels il a échappé, grâce au zèle et au dévouement d'un de mes anciens frères d'armes. Et cependant ce service n'a nulle part été signalé, encore moins récompensé, et certes il eût dû l'être.

LIVRE NEUVIÈME

Bataille du 4 décembre. — Lutte du sentiment paternel et du devoir militaire. — Puissance magique de la foi. — Un dernier mot aux légitimistes. — Marche des divisions Carrelet et Levasseur. — Combats. — Déroute de l'armée rouge. — Tentatives sur l'Hôtel-de-Ville. — Compression de la Cité, des faubourgs Saint-Jacques et Saint-Marceau. — L'arc-en-ciel après l'orage. — Le prêtre et la sœur de charité.

CHAPITRE XXII

Convaincu, d'après les dispositions insurrectionnelles dont je venais d'être témoin, qu'un combat était inévitable, je courus au Cirque des Champs-Élysées pour y embrasser, *pour la dernière fois peut-être*, mon unique enfant...

A mon arrivée, j'y trouvai le 72e de ligne sous les armes; la batterie attelée, les artilleurs en capote et tenue de combat, ainsi que la compagnie du génie attachée à la brigade du général de Cotte.

Le général attendait, pour se mettre en mouvement, le retour de son jeune officier d'ordonnance, chargé de prévenir le colonel du 15e léger d'avoir à se rendre *immédiatement*, du palais Bourbon, son bivouac, à la place Louis XV, où il devait prendre la tête de la colonne.

Pendant que mon fils accomplissait sa mission, j'allai serrer la main au général de Cotte, et lui dis :

« Mon cher général, vous allez avoir à vos côtés ce que j'ai de plus précieux en ce monde après sa mère, mon fils unique; permettez-moi de vous prier de lui servir de père aujourd'hui, puisque, par ma position civile, je ne puis le suivre au combat!... »

Le général de Cotte, en vrai preux, me comprit, et, me serrant fortement la main, me dit : « Comptez sur moi !... »

A ses côtés se trouvait, également à cheval, le lieutenant-colonel Loubeau, mon ancien camarade au 5e de la garde.

— Mon cher Loubeau, lui dis-je, tu as vu naître mon fils ; il va, sous tes yeux, recevoir son baptême militaire, sers-lui, je te prie, de parrain dans cette solennité !...

— Compte sur moi, mon cher de Mauduit, me répondit mon ancien frère d'armes ; compte aussi sur le 72e, qui déjà a adopté ton fils...

Enfin, vers onze heures et demie, arriva l'officier d'ordonnance, après avoir exécuté son ordre et annoncé que le 15e léger se mettait en marche.

J'embrassai mon fils et n'eus que le temps de lui dire :

— Hippolyte, fais noblement ton devoir de soldat ; reçois ma bénédiction, et remets-toi à la volonté de Dieu !...

Que de choses se passaient, au fond de mon âme !... J'en appelle à tout père tendre, et surtout à toutes les mères !... Mais tel est le sentiment du devoir militaire chez un vieux soldat, que je dus étouffer jusqu'au moindre soupir paternel pour laisser à mon fils toute l'énergie qu'exigeait la circonstance.

Dieu m'en a tenu compte, ainsi qu'on le verra bientôt! . . . .

. . . .

. . . .

Le général de Cotte mit sa brigade en mouvement ayant à sa droite mon fils, à sa gauche le capitaine Carnet, son aide de camp ; à quelques pas en arrière venaient, également à cheval, le colonel Quilico, le lieutenant-colonel Loubeau, et le chef du 1er bataillon du 72e.

Les tambours, qui d'abord avaient battu la marche, reçurent bientôt l'ordre de cesser, et la colonne continua silencieusement ; ce qui ajouta encore à la gravité de la circonstance quelque chose de mystérieux et de solennel... En effet, combien de ces braves soldats, pleins de vie, bien qu'à jeun, dans quelques heures, n'auront-ils pas cessé de vivre, et cependant l'esprit de parti ne craindra pas, pour incriminer l'armée, d'avancer « que l'on avait *soûlé* les soldats pour les forcer à se battre ! »

Quelle infamie et quelle déloyauté politique !...

Je m'arrêtai à l'entrée de l'avenue de Marigny pour y voir défiler la brigade sur la chaussée des Champs-Élysées, qu'elle occupait dans toute sa largeur.

Là s'arrêtèrent également les nombreux curieux qui l'avaient entourée pendant qu'elle prenait ses dispositions de combat, et que les soldats renversaient à la hâte leurs marmites pour les emporter, ainsi que la viande à moitié cuite qu'elles contenaient, tandis que d'autres se distribuaient le pain de soupe déjà tout coupé dans chaque gamelle et prêt à recevoir le bouillon : oui, calomniateurs de l'armée, voilà comment on avait *soûlé* les soldats *pour les forcer à se battre* !... La brigade de Cotte, qui devait subir les combats les plus meurtriers de la journée, a quitté ses bivouacs *à jeun* et s'est battue *à jeun*, et cependant le 72e allait au feu pour la première fois depuis sa formation.

Le soldat français n'est pas de ceux qui ont besoin d'eau-de-vie pour s'étourdir sur le danger. Il aime, au contraire, à se présenter tête levée et le jarret tendu sur le champ de bataille.

Que l'on demande aux marchands de vin s'il en est toujours ainsi des barricadeurs qui les envahissent à pareils jours. . . .

. . . .

Je suivis de mes vœux et de mes tristes préoccupations ces braves soldats, marchant au combat d'un pas si ferme et dans une attitude si imposante par leur silence et leur sérénité.

Il était en ce moment midi et demi.

En franchissant la chaussée, j'aperçus briller dans le lointain, vers l'Arc-de-l'Étoile, des casques et des cuirasses; c'était la magnifique division de réserve du général Korte, massée en colonne et prête à se porter partout où sa présence pourrait être utile.

Je me dirigeai vers la place Louis XV, le cœur plein d'émotions faciles à comprendre. J'y retrouvai encore la brigade de Cotte; elle s'était arrêtée dans la rue Royale pour attendre le 15e léger que je vis, en effet, déboucher du pont.

Au même instant passa devant moi le colonel de Rochefort à la tête de son beau et solide régiment.

Il se rendait au trot pour former l'avant-garde de la colonne du boulevard.

L'attitude des lanciers était mâle et fière; ils savaient que c'était particulièrement à eux que l'on en voulait depuis leurs manifestations napoléoniennes de Satory, et se proposaient de faire payer chers leurs injures à ceux qui se permettraient de les accompagner de coups de fusil.

J'admirais l'air martial de ces escadrons, lorsque j'aperçus M. L..., l'un des hommes les plus initiés aux affaires personnelles du comte de Chambord; il m'aborda et sous la colonnade du ministère de la marine, nous eûmes, pendant vingt-cinq minutes, un très-sérieux entretien sur les événements qui s'accomplissaient.

Je saisis cette circonstance pour lui renouveler mes tristes impressions sur la conduite inintelligente des conseillers de Henri V, qui, depuis vingt ans, n'avaient jamais rien su faire d'à-propos, d'énergique et de réellement utile à sa cause; que tout se bornait chez eux à de misérables intrigues de chancelleries ou de salons, au lieu de s'occuper sérieusement, et avec dévouement et abnégation, de constituer fortement le parti légitimiste.

Après ces réflexions, je souhaitai le bonjour à M. L..., et repris le cours de mes études pratiques des événements dont j'ai entrepris le récit.

Pendant que l'armée de Paris marchait au combat, je me dirigeai, le cœur profondément agité, vers l'église de Saint-Roch ; j'y entrai au moment où le ministre de Jésus-Christ montait à l'autel de la Vierge pour y célébrer le saint sacrifice.

Il était une heure.

Je m'agenouillai, mon front s'inclina, mon cœur s'émut, mes yeux se mouillèrent, et bientôt des larmes abondantes tombèrent sur mon prie-Dieu !...

Les efforts que j'avais faits pour surmonter jusque-là l'agitation de mon âme avaient été poussés à l'extrême ; les sentiments paternels reprirent leur empire, à peine entré dans ce mystérieux séjour de la prière et de la méditation.

Je restai ainsi plongé dans une extase indéfinissable pendant près d'une heure.

Là, Dieu seul connut le feu qui me dévorait !... Je suivais mon fils, je le voyais au milieu d'une fusillade meurtrière !...

« Dieu ! protégez mon unique enfant !... Prenez en pitié son père, sa pauvre mère qui ne survivrait pas à un second malheur ; elle n'a point encore quitté le deuil de son fils tué à Rome, il y a quelques mois à peine, après avoir, pendant quinze ans, échappé à tous les dangers de la guerre d'Afrique. Que ce tribut de famille payé au triomphe de la religion sur l'hydre révolutionnaire nous soit compté dans vos arrêts suprêmes; qu'une catastrophe nouvelle ne vienne point, je vous en conjure, ô mon Dieu ! troubler notre joie de voir son jeune frère remplir dignement aussi son devoir de soldat dans cette lutte de la société contre l'anarchie.

« Dieu! protégez l'armée, elle va combattre, comme à Rome, pour les saintes doctrines contre l'athéisme et les mauvaises passions!. . . . .

. . . .

O puissance magique de la prière! j'avais à peine terminé cette invocation que le calme revint dans mon âme, la confiance étouffa mes sanglots; je relevai le front plein d'espérance!. . . . .

. . . .

CHAPITRE XXIII

OPÉRATIONS DE LA BRIGADE BOURGON

L'ordre formel du général en chef était de ne commencer l'attaque qu'à deux heures précises, mais toutes les colonnes devaient se mettre en mesure de s'ébranler simultanément et de culbuter tout ce qui se présenterait devant elles.

A une heure, le général de Bourgon, commandant la 2e brigade de la 1re division, fut informé par le colonel Mayran, du 58e, que l'on élevait des barricades sur plusieurs points et que bientôt peut-être il lui deviendrait impossible de gagner ses positions de combat sur le boulevard du Temple, n'ayant de disponible à Popincourt qu'un bataillon de son régiment, quatre compagnies du 28e de ligne et une compagnie du génie momentanément casernée à la Courtille, la majeure partie des autres bataillons était de service à l'Élysée.

Les troupes établies à la *Nouvelle-France* et au *Mont-Blanc* reçurent aussitôt l'ordre de prendre les armes, et la colonne, formée du 3e bataillon du 28e, des trois bataillons du 33e de ligne, ainsi que de la 10e batterie du 6e d'artillerie, s'élance par la rue du Faubourg-Poissonnière et débouche sur le boulevard Bonne-Nouvelle.

Elle rencontre, à droite sur le boulevard Poisonnière, une foule menaçante; à gauche, une série de barricades dont la première était la lunette élevée entre la rue Hauteville et le poste, et la dernière à la hauteur du théâtre Saint-Martin, sur le boulevard même de ce nom.

Au même instant le général de Bourgon reçoit l'avis que les rues aboutissant aux boulevards sont toutes barricadées et que sa colonne va être prise en flanc.

Il fait d'abord mettre deux de ses pièces en batterie pour contenir la foule qui arrive par le boulevard Montmartre, donne l'ordre au commandant Bax, du 33e, de s'engager avec son bataillon dans la rue des Petites-Écuries, de marcher parallèment aux boulevards et de prendre à revers toutes les barricades élevées dans les rues perpendiculaires à la direction que va suivre sa colonne.

De sa personne le général de Bourgon, suivi de son aide de camp, le capitaine Villette, se porte avec les grenadiers du 28e sur la première barricade, qui est enlevée à la baïonnette.

Une décharge de ses défenseurs n'atteint personne, mais donne le signal à tous ceux qui, placés dans les maisons voisines, commencent un feu roulant sur la tête de la colonne.

Il était en ce moment deux heures cinq minutes (1).

La grande barricade sur laquelle flottait le drapeau est aussitôt déblayée et de ce point culminant, deux obusiers dirigent leur feu sur celles placées entre la porte Saint-Denis et la porte Saint-Martin et sur celle du théâtre.

Ces obstacles renversés, la colonne poursuit sa route, dégage la rue Hauteville, essuie le feu des rues de la Lune et de Cléry, dont les barricades sont enlevées avec un élan admirable, et descend à la porte Saint-Denis où elle est assaillie de tous côtés par un feu terrible, heureusement mal dirigé, mais qui néanmoins renversa blessés quatre des canonniers.

Deux compagnies, l'une du 28e, l'autre du 33e de ligne, se portent au pas de course sur la première barricade de la rue Saint-Denis à soixante-dix mètres des boulevards, l'enlèvent, s'établissent derrière ses débris et se disposaient à attaquer la seconde, placée à deux cents mètres de celle-ci et présentant un relief formidable, lorsque parvint un ordre du général Carrelet au général Bourgon de continuer à suivre la ligne des boulevards jusqu'à la rue du Temple, dans laquelle il devait s'engager pour se rendre ensuite par les rues de Rambuteau, Paradis, Vieille-du-Temple,

(1) Les individus tués à cette barricade furent déposés dans l'angle formé par le boulevard et la maison Jouvin.

sur les boulevards et s'y mettre en communication avec le 58e, qui devait être en position sur le canal.

Une dernière volée de mitraille est envoyée à la deuxième barricade de la rue Saint-Denis et la colonne exécute l'ordre reçu. Ce petit engagement mit néanmoins hors de combat vingt-huit hommes, dont quatorze du 28e de ligne et quatorze du 33e.

Pendant ce temps, le commandant Bax parcourait la rue des Petites-Écuries, enlevait la barricade de la rue Neuve-Saint-Jean, celle de la rue du Faubourg-Saint-Denis et ralliait la colonne au moment où elle se mettait en mouvement.

De la porte Saint-Denis à la rue du Temple on ne rencontra aucun obstacle sérieux, les barricades ébranlées par les obus ayant été abandonnées par leurs défenseurs qui emportèrent leurs blessés et même leurs morts, car l'on n'y découvrit que des mares de sang, témoignages des effets des obus.

A la hauteur du Château-d'Eau le général de Bourgon se croisa avec le général Levasseur, qui venait de parcourir, dans toute sa longueur, la rue du Temple, d'enlever et de détruire toutes les barricades qui s'y trouvaient, mais que les émeutiers relevèrent après le passage de cette première colonne; elles furent détruites une seconde fois, en quelque sorte sans résistance, par le général de Bourgon.

Enfin la colonne, après avoir si bien rempli sa tâche, déboucha sur le boulevard des Filles-du-Calvaire et s'y mit en communication avec le 58e de ligne.

Pendant que le général de Bourgon opérait ainsi avec quatre bataillons de sa brigade, le colonel Mayran tenait tête avec sept ou huit cents hommes seulement à l'hostilité du faubourg du Temple et des abords du canal.

Dès neuf heures du matin, le colonel du 58e avait appris, par des renseignements certains, que l'insurrection devenait menaçante sur plusieurs points; il fit aussitôt prendre les armes à tout ce qu'il avait de disponible en ce moment, pour s'établir en position sur le canal Saint-Martin. A peine arrivé il reconnut l'urgence d'interrompre toute communication depuis le pont Saint-Sébastien jusqu'au-delà du pont Grange-aux-Belles, l'envahissement des masses paraissant surtout imminent depuis ce dernier point jusqu'au débouché du faubourg du Temple. Il apprit en effet bientôt que l'on élevait des barricades dans la rue des Vinaigriers.

Chargé spécialement de défendre l'entrepôt, le commandant

Goy, reçut l'ordre d'en protéger les abords contre toute tentative de barricades.

Un détachement du 58e, sous le commandement du capitaine Laterrade, s'élança résolûment dans la rue des Vinaigriers, et enleva une forte barricade, défendue par plusieurs centaines d'hommes.

Une décharge, en quelque sorte, à bout-portant, n'arrêta point l'élan des soldats, et la barricade fut franchie et démolie.

Le lieutenant Bertrand, du 58e, ainsi que trois fusiliers, furent blessés.

Cette expédition terminée, le capitaine Laterrade se retira, pour éviter d'être enveloppé dans un réseau de barricades, et particulièrement dans la rue d'Albouy, dans laquelle le sous-lieutenant Charpentier avait déjà dû, par son énergique activité, s'opposer à des tentatives de ce genre.

Mais vers une heure et demie de l'après-midi, le lieutenant Ecoiffier s'étant aperçu, à travers le brouillard, que la barricade détruite par le capitaine Laterrade était rétablie, demanda au capitaine Diémer l'autorisation de l'enlever avec vingt de ses soldats.

Il s'engage aussitôt dans la rue des Vinaigriers; parvenu à quatre-vingts pas de la barricade, il s'écria : *A la baïonnette, pas de course!*

A dix pas d'elle, il essuya une décharge qui tua le fourrier Mongenot et blessa un caporal, mais le retranchement fut enlevé, et ses défenseurs tués ou mis en fuite.

Je dois citer encore ici un beau trait militaire qui honore le caporal Mauny, du 58e.

Envoyé en ordonnance sur les boulevards, ce brave soldat se jeta dans les rangs des grenadiers du 28e de ligne, au moment où ils s'élançaient sur la première barricade de la rue Saint-Denis, et eut l'honneur d'enlever le drapeau qui la surmontait.

Vers six heures du soir, une patrouille du 33e, composée de quatre compagnies sous le commandement du chef de bataillon Duportal, ayant, sur l'invitation d'officiers du 58e, poussé sa reconnaissance jusqu'à l'extrémité de la rue des Vinaigriers, cette manœuvre eut pour résultat de placer les insurgés entre deux feux, et de faire tomber entre les mains du 58e une centaine de prisonniers, une vingtaine de fusils, des cartouches, une boîte de pistolets de tir, des sabres et des baïonnettes.

Pendant ces opérations, les quatre compagnies du 33e détachées par le général Bourgon, pour protéger la gare de Strasbourg, payaient aussi leur tribut de zèle, de courage et de dévoûement, en enlevant, sous le commandement immédiat du chef de bataillon Ferru, le redan élevé au point d'intersection de la rue Chabrol et du faubourg Saint-Denis. Cette barricade enlevée, le commandant Ferru fit immédiatement occuper les maisons des quatre angles, et détruire la barricade par les habitants mêmes qui l'avaient laissé faire sans s'y opposer. Il détacha une de ses compagnies à la gare du Nord pour la protéger contre toute attaque de la Chapelle.

Ce faubourg, qui, dans les journées de juin 1848, avait fourni un si nombreux contingent à l'insurrection, s'était disposé, cette fois encore, à prendre part à la lutte engagée, et avait déjà élevé plusieurs barricades qui furent presque aussitôt abordées et détruites par les compagnies du 28e, chargées d'observer les mouvements de cette population que l'on savait très-affiliée aux sociétés secrètes.

Mais bientôt le commandant Ferru apprit que de nouvelles barricades s'élevaient dans la rue du Faubourg-Saint-Martin, et notamment rue des Récollets; à cet avis, il confie au capitaine Niceville l'honneur de l'enlever avec ses grenadiers, ce qui fut exécuté au pas de course avec l'intrépidité que l'on devait attendre de soldats qui avaient déjà donné tant de preuves de leur courage en Afrique, comme au siége de Rome.

Il était, en ce moment, trois heures, et l'on vit apparaître des chasseurs à pied, du 5e bataillon, qui, après avoir enlevé trois barricades dans la rue du Faubourg-Saint-Martin, et passé par les armes un certain nombre de leurs défenseurs, marchaient vers la barrière de la Villette.

L'administration du chemin de Strasbourg a témoigné sa reconnaissance au 33e par une lettre officiellement adressée au ministre de la guerre. C'était là un juste hommage, car, sans cet appui, que ne se serait il peut-être pas passé sur ce point?...

Le départ du 33e ayant enhardi les barricadeurs du voisinage de la Nouvelle-France, le sous-lieutenant Massonat, momentanément de garde à la caserne, n'hésita pas à prendre sur lui de s'élancer avec quelques hommes seulement sur la barricade de la rue Montholon. Il l'enleva, la détruisit, fit deux prisonniers et s'empara de plusieurs armes.

Tel fut, dans son ensemble comme dans tous ses détails, la participation de la brigade Bourgon à la mémorable journée du 4 décembre 1851.

Général, officiers et soldats, tous ont fait brillamment leur devoir; et comme historien, le mien est de le proclamer ici.

La brigade du général Bourgon ne perdit, pendant ses opérations, que quatre tués et trente-huit blessés.

CHAPITRE XXIV

MARCHE DE LA COLONNE D'ATTAQUE DU GÉNÉRAL CARRELET

A deux heures précises, le général Carrelet, dont toutes les dispositions étaient prises, ordonna au colonel de Rochefort de se porter en avant, et de culbuter tout ce qui s'opposerait à sa mission, celle d'éclairer la marche de cette formidable colonne d'attaque.

Cette avant-garde s'ébranle au pas et se dirige avec un calme imposant, je dirai presque solennel, vers la porte Saint-Denis.

A quelque distance en arrière venaient également en colonne, par pelotons et au pas, les trois autres escadrons du 1er et les quatre escadrons du 7e de lanciers, flanqués, comme leur avant-garde, par de l'infanterie. A leur tête se trouvaient le général Reybell et le général Carrelet, entouré de tout son état-major divisionnaire.

Parvenu à la hauteur de la rue Taitbout, le colonel de Rochefort aperçut un rassemblement considérable, tant à l'entrée de la rue que sur l'asphalte près Tortoni; ces hommes étaient tous bien vêtus, plusieurs étaient armés.

A la vue de cette avant-garde, retentit le cri de guerre adopté depuis deux jours :

Vive la République!

Vive la Constitution!

A bas le dictateur!

A ce dernier cri, aussi rapide que l'éclair, d'un seul bond, le colonel de Rochefort franchit les chaises et l'asphalte, tombe au milieu du groupe, et fait aussitôt le vide autour de lui!

Ses lanciers se précipitent à sa suite ; un de ses adjudants s'abat sur l'asphalte à côté de son colonel, qui le croit grièvement blessé ; mais, tout renversé qu'il fût, l'adjudant abat à son tour, à coups de sabre, deux individus qui s'étaient précipités sur lui.

En un clin d'œil le rassemblement fut dispersé, tous s'enfuirent précipitamment dans toutes les directions, où se refugièrent dans les cafés et dans les maisons du voisinage, en laissant bon nombre d'entre eux sur la place.

Ce fut l'affaire d'un instant.

Le colonel de Rochefort continua sa marche, en dispersant tout ce qu'il rencontrait devant lui.

Il n'éprouva point de résistance sérieuse jusqu'au faubourg Poissonnière ; là seulement il commença à recevoir des coups de fusil des croisées et des rues adjacentes.

L'infanterie riposta pendant qu'il lançait des pelotons dans la rue Hauteville, et qu'il chargeait en personne, dans la rue Mazagran, à la tête de l'un d'eux.

Une trentaine de cadavres restèrent sur le carreau, presque tous couverts d'habits fins.

Cette avant-garde se remit en marche et franchit la barricade enlevée vingt-cinq minutes avant par les grenadiers du 28e.

La tête de colonne allait atteindre la porte Saint-Denis, lorsque, tout à coup, un feu croisé, partant des fenêtres et de toutes les directions, effraya les chevaux et jeta la confusion dans les rangs.

L'infanterie y répond par un feu très-nourri et à tout hasard, car on ne découvrait personne au milieu d'une pareille fumée.

A ces détonations, le général de Cotte accourt à la tête d'un bataillon du 72e, croyant l'avant-garde sérieusement engagée ; ses soldats, électrisés par la fusillade qui les entoure, ouvrent aussi le feu, mais à l'aventure, et le continuent pendant huit ou dix minutes, malgré les efforts du général et de ses aides de camp pour arrêter une consommation aussi inutile de munitions, et qui ne pouvait faire que des victimes innocentes ; car, certes, aucun combattant ne dut être tenté de se montrer aux fenêtres pendant cet effroyable ouragan.

Néanmoins la position de cet escadron était critique en ce moment déplorable ; enveloppé de toutes parts par des masses d'infanterie, il ne pouvait se mouvoir ni s'échapper faute de rues ; il dut donc se résoudre à rester pelotonné sur la chaussée, et à subir les balles de l'ennemi et les ricochets de ses frères d'armes, qui, par un miracle, ne tuèrent, ne blessèrent même ni un homme ni un cheval; 70 lances ou flammes furent seulement brisées ou trouées par des balles, des chevrotines, et jusqu'à de gros plombs à loup.

Au milieu d'une crise aussi violente, aussi inexplicable, les lanciers conservèrent l'attitude la plus calme, la plus martiale; et c'était pour la plupart leur baptême de feu; aussi un escadron du 1er de lanciers ne passait-il jamais devant un régiment d'infanterie sans être aussitôt accueilli aux cris de :

Vivent les lanciers !

Le plan des constitutionnels en paletots et en talmas avait été de laisser passer toute l'infanterie et l'artillerie, et, lorsqu'on les croirait complétement engagées dans les rues tortueuses du Carré-Saint-Martin, de jeter le désordre dans les deux régiments de lanciers, que l'on eût pu fusiller impunément par les croisées, de former des barricades avec des cadavres d'hommes et de chevaux et de faire éclater, par un hourra général des *républicains* de salons, une manifestation armée sur les derrières même des troupes.

Ce plan ne manquait point d'habileté et pouvait en effet, sinon triompher de l'ardeur des soldats, au moins jeter de l'inquiétude, peut-être même quelque perturbation dans leurs rangs.

Ainsi, pendant que le 1er escadron du 1er régiment de lanciers subissait cette rude épreuve sur le boulevard Bonne-Nouvelle, les trois autres escadrons et le 7e de lanciers tout entier, restés à la hauteur de la rue Richelieu, recevaient également des coups de fusil qui, partis d'abord du boulevard Poissonnière, se prolongèrent sur toute la ligne jusqu'à Tortoni.

Cette échauffourée fit néanmoins des victimes innocentes, car si la baïonnette est un héros — comme le disait Souvarow — la balle est une folle qui souvent, à pareils jours, va frapper la femme à côté de son époux, l'enfant sur les genoux de sa mère, l'ami faisant sa partie de tric-trac avec son vieil ami.

Que de déplorables exemples n'en pourrais-je pas citer, depuis la Maison-Dorée jusqu'à la porte Saint-Martin, et cela, grâce à l'initiative hostile de quelques jeunes étourdis en habits fins, car ils n'étaient cert es pas de taille se mesurer, bannières déployées, ni pour une dynastie quelconque, ni pour l'œuvre de la Constituante, contre une armée disposée à accepter le combat partout où l'on voudrait le lui offrir.

Enfin le capitaine Moreau, vieux soldat de la garde royale et de l'armée d'Afrique, ayant pu dégager son escadron, le fit, d'après l'ordre de son colonel, entrer tout entier sous un vaste hangar de la rue Saint-Fiacre, en déclarant toutefois au propriétaire, comme aux individus qui s'y trouvaient, que si, pendant ce ralliement et ce repos, il partait de la maison un seul coup de fusil contre ses lanciers, ils seraient tous aussitôt passés par les armes.

On tint compte de l'avertissement, et peu après le capitaine Moreau ramenait son escadron et reprenait sa place de bataille à la droite de son régiment sur le boulevard des Italiens, où il resta jusqu'au moment d'une expédition dont je parlerai plus loin.

CHAPITRE XXV

OPÉRATIONS DE LA BRIGADE DU GÉNÉRAL CANROBERT

Conformément aux ordres du général de division Carrelet, la brigade du général Canrobert quitta ses casernes à une heure et demie, et à deux heures elle se trouvait réunie sur le boulevard des Italiens, en arrière de la brigade du général de Cotte.

Le 5e bataillon de chasseurs à pied reçut aussitôt l'ordre de se porter, au pas gymnastique, à la tête des deux brigades.

Jusqu'au boulevard Poissonnière aucune hostilité ne s'était encore manifestée contre cette brigade, mais à peine eut-elle franchi le boulevard Montmartre, que des premières maisons de droite partirent des coups de fusil qui provoquèrent naturellement la riposte de la part de jeunes soldats qui ignoraient encore que l'on doit plutôt du mépris que de la poudre perdue à un ennemi qui se cache; car que de poudre brûlée sans raison par suite de cette inexpérience de la guerre parisienne!

Éviter les conséquences de cette surprise eût été difficile, peut-être même impossible; car comment un général, un colonel, un officier eussent-ils pu couper ce fil électrique là où la voix du commandement ne pouvait même plus se faire physiquement entendre?...

Cette fusillade étourdissante, si elle eut l'avantage de décourager les *chevaliers* de la Constitution et de les engager à se blottir dans les recoins les plus sombres et les *moins gracieux* de leurs citadelles, produisit sur les chevaux de la batterie un effet désastreux; car, peu habitués à la mousqueterie ils se cabrèrent, se défendirent, brisèrent les roues, les timons et les avant-trains, à ce point qu'en un clin d'œil il ne resta au général Canrobert, de toute sa batterie, qu'une seule bouche à feu disponible, et que pour continuer son mouvement il dut se priver encore d'un des trois bataillons du 27e de ligne auquel il confia la garde des débris de son artillerie.

Le général Canrobert n'ayant point de compagnie du génie attachée à sa brigade, fit enfoncer à coups de canon les portes des maisons d'où l'on avait tiré sur les soldats, et là furent pris plusieurs des individus qui les avaient si imprudemment, si fatalement provoqués...

Un ordre spécial avait prescrit au général Canrobert de laisser le 49e de ligne en position entre la rue Grange-Batelière et la rue de Richelieu, pour assurer sans doute la base d'opérations contre les hourras de la fashion parisienne, en sorte qu'il ne lui restait plus pour l'attaque du faubourg Saint-Martin, que le 5e bataillon de chasseurs à pied, deux bataillons du 27e de ligne, une bouche à feu et une section du génie, détachée de la brigade du général de Cotte.

Le 49e reçut l'ordre d'enlever les quarante mille cartouches déposées à la mairie du 2e arrondissement, opération qui exigea des soins et beaucoup de temps, chaque soldat ayant dû en emporter plusieurs paquets dans son sac.

Arrivé à la hauteur de la porte Saint-Martin, le général Canrobert prit aussitôt ses dispositions pour l'attaque du faubourg que l'on disait fortement occupé par l'armée socialiste.

Au brave commandant Levassor fut confié l'honneur d'enlever, avec ses intrépides chasseurs, les trois barricades de la rue du Faubourg, pendant que l'habile colonel Peyssart, avec le 1er bataillon de son régiment, manœuvrait par les bords du canal, pour rejoindre par ce mouvement convergent, le 5e bataillon de chasseurs à la hauteur de l'hospice des Incurables.

De son côté, le commandant Levassor, qui avait près de quatre cents mètres à franchir, à découvert, pour arriver à la première barricade élevée, comme en juin 1848, devant la mairie actuelle du 5e arrondissement : le commandant Levassor, sachant qu'il pouvait compter sur le calme comme sur la valeur personnelle de chacun de ses chasseurs, avait formé, d'après l'ordre et sous la direction de son général, son bataillon en deux colonnes d'attaque, ayant pour avant-garde la compagnie du capitaine Cambriel.

L'obusier fut placé en batterie, sous l'arcade même de la porte Saint-Martin.

Au signal du général Canrobert, le bataillon s'élance, et l'espace est franchi ; rien ne pouvait résister à l'élan de pareils soldats!...

Le drapeau rouge qui flottait sur la première barricade fut enlevé par le lieutenant Vasseur, des chasseurs.

Cinq chasseurs tués et quatorze blessés, dont le commandant Levassor et le lieutenant Schmitt ; tel fut le tribut sanglant payé par le 5e bataillon au salut de la société, comme il en paya tant en Afrique pour l'honneur de son drapeau, et pour assurer la conquête de l'Algérie.

La colonne du colonel Peyssart parvint au point indiqué par le général Canrobert sans obstacle, le colonel Mayran, avec une fraction de son régiment, ayant, ainsi que je l'ai dit, comprimé la résistance projetée sur les deux rives du canal.

L'insurrection vaincue sur ces points, le général Canrobert, qui avait établi son quartier général à la porte Saint-Martin, chargea vers cinq heures son aide de camp, le capitaine de Bar, de rallier ces deux bataillons ; ils revinrent, en effet, avec une cinquantaine de prisonniers, qu'il remit entre les mains de la gendarmerie mobile.

Le général Canrobert ayant reçu l'ordre de laisser en position sur ce boulevard un bataillon du 27e et les trois du 49e sous les ordres du colonel de ce régiment, fit rentrer dans ses casernes le reste de sa brigade et ramener à l'École militaire, sous l'escorte du 5e bataillon de chasseurs, les voitures de son artillerie que l'on était parvenu à rendre transportables après leur incroyable catastrophe.

Au moment de se mettre en marche, le général fut informé que l'on élevait des barricades dans le voisinage de Notre-Dame-de-Lorette, et notamment au débouché de la rue Rochechouart et de la place Cadet. Deux reconnaissances commandées, l'une par le chef de bataillon Fraboulet, l'autre par le capitaine Brocq, du 27e, revinrent bientôt annoncer leur peu d'importance et la fuite des *crânes* qui s'étaient promis de les défendre.

Je ne terminerai pas le récit des faits relatifs à cette brigade sans parler d'un épisode digne d'intérêt.

Le général Canrobert, l'un de ces types rares de la chevalerie militaire, le général Canrobert, dont tous les grades et toutes les décorations ont été la récompense d'actions d'éclat en Afrique, avait commandé, pendant plusieurs années, le 5e bataillon de chasseurs à pied, l'avait vu au feu, en connaissait la valeur comme il avait aussi conservé le souvenir des plus braves de ses anciens soldats.

Parmi ceux-ci, le commandant Canrobert avait signalé et fai mettre à l'ordre le clairon Darot, qui, au terrible combat de Bahl, contre les Kabyles des Ouled-Younès, lors de l'insurrection de Bou-Maza, tua de sa main trois Arabes et enleva leurs armes.

Pendant une manœuvre au Champ de Mars, il y a quelques mois, des quatre bataillons de chasseurs attachés à l'armée de Paris, le général Canrobert remarqua, en passant devant le front de son ancien bataillon, le sourire affectueux d'un clairon.

Le général reconnaît son héros de Bahl :

— Quoi! s'écria le général; c'est toi, mon brave Darot! et tu es encore de ce monde?...

— Oui, mon général, et tout prêt à me faire tuer pour vous si l'occasion s'en présente...

— N'oublie pas, mon brave Darot, de venir me parler si jamais nous prenons les armes.

— Je ne l'oublierai pas, mon géneral.

Darot tint parole, et le 4 décembre, Darot se présenta au général, au moment où son bataillon venait prendre sa place de bataille, et lui dit :

— Me voici, mon général !

— C'est bien, mon ami; tu vas me servir de clairon d'ordonnance pendant le combat; ne me quitte plus.

Darot suivait, en effet, le général dans tous ses mouvements, et se tenait à ses côtés lorsqu'il s'arrêtait.

Le feu commence; une balle, dirigée évidemment contre le général Canrobert, frappe son clairon, et Darot tombe raide mort aux pieds de son ancien commandant!!!. . . . . et Darot n'était point encore décoré!...

CHAPITRE XXVI

OPÉRATIONS DE LA BRIGADE DU GÉNÉRAL DE COTTE

Le général de Cotte, après être parvenu à faire cesser cette fusillade inutile du boulevard Bonne-Nouvelle, ayant été informé que des barricades s'élevaient dans la rue du Petit-Carreau, donna l'ordre au colonel Quilico de les faire emporter et détruire par deux compagnies de grenadiers de son régiment ; vingt minutes après, la circulation était rétablie sur ce point ; et les grenadiers du 72e rejoignaient, par la rue du Caire, leurs bataillons respectifs au moment où leur régiment allait recevoir son baptême militaire dans la rue Saint-Denis.

Le général de Cotte, après avoir essuyé quelques décharges du voisinage de la porte Saint-Denis, avait reçu l'ordre de s'engager dans cette rue et d'y enlever la barricade que l'on apercevait à deux cents mètres plus loin.

La colonne franchit sans résistance celle enlevée peu d'instants avant par les deux compagnies du 28e et du 33e, mais que l'on n'avait pas eu le temps de déblayer entièrement.

La fusillade ne tarda pas à partir des croisées, de même que de la barricade.

Le général de Cotte fit aussitôt mettre en batterie deux de ses obusiers, à la hauteur de la rue de Tracy, et prit ses dispositions pour enlever ce retranchement d'où l'on semblait vouloir opposer une assez vive résistance. Quatre obus furent lancés, et la colonne se mit en mouvement, son général en tête et à cheval ; mais déjà la fusillade avait fait des victimes dans les rangs du 72e et particulièrement de la compagnie de grenadiers du capitaine de Toureau, qui, en moins de cinq minutes, eut une quinzaine d'hommes hors de combat, dont neuf tués ; un sapeur fut de ce nombre.

La fusillade était très-vive de part et d'autre ; mais plus meurtrière pour les troupes qui combattaient de pied ferme en ce moment, et à découvert, que pour leurs adversaires qui se tenaient cachés, et particulièrement dans l'angle rentrant d'une maison construite sur le nouvel alignement, et protégée par la barricade elle-même.

C'est de cet angle qu'est partie la balle qui a tué le lieutenant-colonel Loubeau, qui fut relevé mourant au milieu même de la fusillade par le jeune officier d'ordonnance qu'il avait vu naître, et auquel, ce jour-là, il devait servir de parrain militaire : Mon cher Loubeau, mon vieux camarade! devais-tu t'attendre, après trente-trois années de ta vie consacrées au service de ton pays, que tu tomberais un jour sous la main d'un Français!...

C'est de ce même angle que fut atteint, peu après, le colonel Quilico, par une balle qui lui traversa le bras. C'est de là encore que fut blessé mortellement un sous-lieutenant du 72e.

Pendant cette fusillade, le général de Cotte se tenait à cheval, et présidait avec un sang-froid des plus remarquables à toutes les dispositions de cette attaque, lorsqu'il fut renversé lui-même par la chute de son cheval, que venait aussi de frapper une balle.

La tête de colonne n'était plus qu'à une cinquantaine de pas de la barricade; le général allait en ordonner l'assaut, lorsque l'on aperçut des baionnettes et des shakos derrière : c'étaient des soldats du 15e léger, qui, l'ayant prise à revers, en avaient fait fuir les défenseurs, et s'en étaient emparés.

Cette attaque coûta au 72e une trentaine d'hommes dont la moitié a succombé:

A cinq heures, le général de Cotte ralliait sa brigade sur le boulevard Bonne-Nouvelle et s'y établissait militairement au bivouac.

CHAPITRE XXVII

MARCHE DES DEUX COLONNES DE LA BRIGADE HERBILLON. — TRISTES ÉPISODES. — MORT DU TAMBOUR-MAJOR DU 3e DE LIGNE.

Le général Levasseur, conformément au plan du général en chef, mit les deux colonnes d'attaque de la brigade Herbillon en mouvement, à deux heures sonnantes au beffroi de l'Hôtel-de-Ville, et prit, de sa personne, le commandement de la première, pendant que le général Herbillon se plaçait à la tête de la seconde.

Parvenue à la hauteur de la rue des Blancs-Manteaux, l'avant-garde est accueillie par une décharge de mousqueterie partant des croisées; les soldats ripostent, mais sans s'arrêter, l'obstacle n'étant point sérieux, et continuent leur marche vers le boulevard, en suivant, dans toute sa longueur, la rue du Temple, détruisant successivement toutes les barricades élevées ou ébauchées, et que les insurgés n'eurent pas le temps de rétablir dans cet intervalle, du moins de les rendre formidables.

Le général Levasseur arriva donc au Château-d'Eau, en quelque sorte sans coup férir, vers deux heures et demie, et fit tête de colonne à gauche pour marcher vers la porte Saint-Martin, où il devait masser sa colonne à l'abri des maisons, et y attendre, l'arme au pied, la jonction du général Herbillon, qui opérait dans la rue Saint-Martin.

Le général Herbillon, en se séparant du général Levasseur, à la hauteur de la rue de Rambuteau, dut presque aussitôt faire jouer sa pièce d'artillerie contre la barricade qui lui en barrait le passage, à cent mètres plus loin, et que défendaient des insurgés placés à toutes les croisées voisines.

Elle ne tarda pas à être à moitié détruite, et par conséquent abandonnée. On courut dessus malgré le feu des croisées, qui en un instant fut éteint par la vivacité de la riposte des soldats.

Le général Herbillon fit tête de colonne à droite et pénétra dans la rue Saint-Martin, où se trouvaient de véritables retranchements à enlever, car là l'on est bien expert en ce genre de fortifications passagères.

La rue Aumaire, entre autres, qui débouche dans la rue Saint-Martin, s'est acquis en ce genre une célébrité en février, comme en juin 1848, et tenait à honneur de la conserver en décembre 1851.

Là donc, une bande d'individus sortis de différentes petites rues de ce quartier avaient élevé une barricade digne d'être battue en brèche par l'artillerie avant son assaut. L'ingénieur était un ancien soldat de zouaves, le nommé Victor V***, ouvrier ciseleur. Son énergie et ses services militaires l'avaient fait reconnaître pour chef par ces soldats-émeutiers, et pendant qu'il confiait à un certain nombre de ses miliciens le soin de veiller à la défense de cette tête de pont, il allait de sa personne établir une salle de pyrotechnie chez un pharmacien du voisinage, dont il brisa la devanture pour couper court à toute opposition du docteur qui prétextait son ignorance en l'art de fabriquer la poudre de guerre.

Mais en homme prévoyant, en habile émeutier, Victor V*** lui en remit la formule écrite, et chacun tira de ses poches, qui le charbon pulvérisé, qui le soufre.

Le docteur était pris et n'avait plus d'autre ressource que de paralyser l'action de ces divers ingrédients au moyen de quelque autre mélange hétérogène, ce qu'il fit en effet. Ce subterfuge toutefois eût pu lui coûter cher, si l'arrivée de la colonne du général Herbillon à quelques centaines de pas de la barricade n'y eût appelé brusquement tous ses défenseurs et principalement leur chef. Et pendant que le pharmacien livrait sa poudre, des coups de fusil retentirent : c'était le 3e de ligne qui, tambour-major en tête, se présentait pour monter à l'assaut.

A sa vue, l'ancien zouave, armé d'un fusil à deux coups et tireur habile, s'embusque en disant, en loustic parisien : « Je vais *descendre* ce tambour-major. » Il tire, et Toitot tombe mort aux pieds du colonel Chapuis, auquel il avait dit la veille et répété le matin : « *Mon colonel, je vous demande de me permettre de vous servir de cuirasse pendant le combat.* »

Ce noble et vieux soldat, décoré en récompense de ses services, a tenu parole, car il ne voulut pas quitter un instant son colonel et fut tué devant lui, et par qui ?... par un ancien soldat, qui payait un si bel acte de dévouement militaire par un fratricide et une vanterie de si mauvais goût.

Le colonel Chapuis fit déposer le corps de son malheureux tambour-major dans une maison du voisinage, pendant que le général Herbillon faisait lancer deux obus contre la barricade d'où était partie la balle fratricide, et peu d'instants après elle était enlevée et détruite.

Parmi les émeutiers pris les armes à la main se trouvaient deux gamins de dix à douze ans. Que faire de ces petits polissons ? Ils méritaient cependant un châtiment avant d'être renvoyés à leurs parents; le général ordonna de les fouetter sur la barricade même d'où ils avaient fait feu sur les soldats. Cette correction, infligée au milieu des éclats de rire de tous les témoins, leur servira-t-elle pour l'avenir? Je n'oserais l'affirmer. N'est-ce pas toujours une partie de plaisir pour les gamins de Paris que de courir aux barricades, alors même qu'on ne les paye pas, comme ils l'ont été cette fois pour la plupart?

Le général Herbillon, ayant achevé ses opérations, ne tarda pas à se réunir, sur le boulevard, à la colonne du général Levasseur.

Après un repos sur le boulevard, les deux colonnes se remirent en marche pour revenir à leur point de départ, c'est-à-dire l'Hôtel-de-Ville.

Cette expédition coûta à ces deux colonnes une vingtaine d'hommes hors de combat.

CHAPITRE XXVIII

TENTATIVES DES SOCIALISTES SUR L'HÔTEL-DE-VILLE ET LA CITÉ

Avant de rentrer, je passai devant le quartier général, et longeant la grille des Tuileries, tout m'y parut calme. Il ne s'y trouvait pour toutes troupes que des fractions des deux bataillons de la gendarmerie mobile et des cavaliers d'ordonnance tenant en main des chevaux d'officiers.

La place du Carrousel était déserte : plus de voitures, plus de passants. Je fus peut-être seul en ce moment à la traverser. Je repris le quai du Louvre et le suivis jusqu'à l'Hôtel-de-Ville.

Les ponts des Saints-Pères et des Arts étaient libres ; mais depuis le Pont-Neuf jusqu'à celui de Louis-Philippe, la circulation était partout interrompue. J'en ai dit plus loin les motifs.

A l'entrée du Pont-Neuf, je remarqua iune certaine émotion. Que s'y était-il donc passé?... Le voici.

Un individu, porteur d'armes sous sa blouse, ayant été arrêté au moment où il voulait forcer la consigne, fut fusillé à l'entrée du Pont-Neuf et son corps jeté aussitôt dans la Seine. Mais n'ayant eu que la cuisse brisée, ce malheureux eut encore la force et la présence d'esprit, dans sa chute, de s'accrocher à l'un des câbles qui attachent au pont les bains de la Samaritaine. A ses cris, l'un des garçons de l'établissement accourut à son secours et l'arracha à tous les périls de sa position. On le fit ensuite transporter à l'hôpital de la Charité. Il se nommait Berger, jardinier à Passy. Il a survécu à sa blessure et a osé protester de son innocence en disant que sa carabine était hors de service, tandis qu'elle était chargée.. Quant à son briquet, il n'était guère dangereux en effet.

Vers midi, le colonel Gastu, ayant été informé par M. le préfet de police que, d'après les renseignements de ses agents, on devait s'attendre à une attaque, redoubla de vigilance et prit toutes les mesures nécessaires pour la vaincre. Il fit occuper en conséquence immédiatement les positions suivantes : le pont de l'Hôtel-Dieu, le Petit-Pont, les maisons des angles des rues en avant des ponts, le bâtiment d'angle de l'Hôtel-Dieu, avec une réserve sur le parvis Notre-Dame; fit observer le quai Napoléon et prit position sur le Pont-Neuf, le pont Saint-Michel et le pont au Change, ayant ses réserves à la Préfecture de police, à la place Dauphine et au Palais de Justice.

De ses trois pièces il en laissa une sur la place Dauphine et fit mettre les deux autres en batterie, l'une sur la place du Palais-de-Justice, l'autre sur le pont Notre-Dame, enfilant la rue de la Cité.

Plusieurs coups de feu venaient d'être tirés de quelques maisons des rues de la Cité, de Constantine et du bas de la rue Saint-Jacques. Ces rues durent aussitôt être fortement occupées pour couper court à quelque explosion sérieuse; une compagnie fut envoyée au delà du Petit-Pont, où déjà les émeutiers avaient placé une grande charrette en travers de la rue Saint-Jacques. Ces mesures, par la promptitude de leur exécution, eurent pour résultat de rétablir immédiatement l'ordre sur ces points. Un homme fut tué par le brigadier Leblond, au moment où il se disposait à faire, du n° 34 de la rue de Constantine, une seconde décharge sur des gardes républicains en vedette dans la rue. Cet exemple servit d'avertissement à qui eût été tenté d'en faire une expérience nouvelle, et personne n'osa ni descendre, ni paraître armé à la croisée.

Au même moment, des coups de feu partirent des quais de Gèvres et Pelletier, bien que le colonel eût déjà fait occuper par des gardes les maisons d'angles de la rue Planche-Mibray. Les deux hommes en position sur le pont Notre-Dame furent légèrement atteints.

Le colonel Gastu reçut, à cet instant même, l'ordre d'envoyer ses trois bouches à feu, sous l'escorte du bataillon du 19e de ligne qui les lui avait amenées, à la pointe Saint-Eustache, et disposa sa cavalerie pour suppléer à l'absence de ses pièces, de manière à pouvoir balayer au besoin les quais et les ponts; mais grâce, je le répète, aux mesures prises et à l'énergie avec laquelle furent repoussées toutes les tentatives d'agression pendant la bataille qui se livrait en ce moment même dans les quartiers Saint-Denis et Saint-Martin, il n'y eut rien de sérieux dans la Cité; tout s'y borna à un émeutier tué et à trois individus arrêtés porteurs d'armes, de munitions, de proclamations ou de fausses nouvelles, et qui furent passés par les armes et lancés dans la Seine.

N'ayant pu, en raison de ces divers incidents, obtenir de me rendre dans la Cité, je dus aller prendre le pont Louis-Philippe que l'on m'assurait devoir être encore libre.

A l'entrée de la place de l'Hôtel-de-Ville, je rencontrai le général Marulaz, mon ancien camarade de la garde, à la tête du 44e et d'une section de son artillerie.

Sa colonne était en ce moment arrêtée; il était deux heures et demie à l'horloge.

La place était vide de troupes, ce qui, je l'avoue, me surprit dans d'aussi graves conjonctures, car déjà l'on entendait très-distinctement la fusillade et la canonnade dans la direction des boulevards.

Je gagnai donc le pont suspendu qui sépare la Cité de l'île Saint-Louis, et j'obtins, mais en me nommant, de le traverser. A son extrémité, je trouvai le capitaine T***, chargé, avec une fraction de sa compagnie, de la garde de ce point important; nous nous entretenions depuis quelques minutes à peine, quand tout à coup une fusillade des plus vives, des mieux nourries, éclata sur la place même de l'Hôtel-de-Ville et tout le long du quai Pelletier.

Je ne pouvais m'expliquer ce combat, venant de quitter à l'instant même ce quai et la place, et n'y ayant remarqué aucun symptôme d'agitation, et même peu de curieux.

J'en témoignai mon étonnement au capitaine T***, et pendant les dix ou douze minutes que dura ce feu roulant, nous nous demandions l'un l'autre quelle pouvait être la cause d'une lutte en apparence si acharnée.

La voici telle que je l'appris quelques heures plus tard :

Ainsi que je l'ai fait connaître dans un chapitre précédent, les stratéges de l'armée rouge avaient, par une ruse de guerre, ménagé une surprise sur l'Hôtel-de-Ville si l'on commettait la faute grave de n'y pas laisser des forces imposantes, faute qui, en effet, fut commise, et qui eût pu avoir les conséquences les plus fatales si les insurgés n'eussent pas fait eux-mêmes la faute d'ouvrir le feu trop tôt, au lieu de laisser le général Marulaz s'engager dans la rue Saint-Denis.

Mais la gauche de sa colonne touchait encore au pont d'Arcole lorsque partirent des croisées du quai Pelletier et de la place plusieurs coups maladroits contre le 44e et la ligne de tirailleurs que le commandant Larochette avait placés en avant de l'Hôtel-de-Ville pour en protéger les abords.

Toute la place, ainsi que les quais Pelletier et de Gèvres jusqu'au Châtelet, furent à l'instant en feu, et de l'extrémité du pont Louis-Philippe, je crus, pendant près d'un quart d'heure, je crus, en vérité, assister à un combat des plus sérieux. Plus de vingt mille cartouches furent brûlées, des milliers de carreaux brisés, mais seulement quelques hommes tués ou blessés dans les deux camps, les socialistes n'ayant exécuté leur attaque qu'avec des forces disséminées dans les maisons, et trop insuffisantes pour tenter un hourra sur l'Hôtel-de-Ville, comme au 24 février 1848, où le général Sébastiani se laissa envahir, avec une ingénuité sans exemple, malgré ses quatre bataillons, sa batterie d'artillerie et ses soixante cavaliers municipaux, par une populace mal armée, plus bruyante que dangereuse, mais qui, grâce à l'incurie de l'autorité militaire, s'empara de l'Hôtel-de-Ville, désarma les soldats, et les renvoya ainsi sans tambours ni trompettes à leurs quartiers respectifs.

Il n'en fut pas ainsi le 4 décembre, malgré l'imprévoyance que j'ai signalée, mais grâce aux bonnes dispositions du commandant Larochette, à la vigoureuse attitude de ses avant-postes et de ses tirailleurs, grâce aussi au petit nombre des assaillants, qui ne s'élevaient qu'à quelques centaines d'hommes, et qui commirent en outre la faute de commencer le feu avant le temps.

Ce ne fut donc, en réalité, qu'une échauffourée, mais qui eût pu prendre des proportions gigantesques, au moindre succès des socialistes, sur un point du voisinage.

Avis donc pour l'avenir. Pendant cette fusillade inexplicable pour le capitaine T*** et moi, un ecclésiastique vint à passer et demanda à pénétrer dans la Cité, mais, par quelques paroles irréfléchies sur la lutte engagée, il faillit se faire arrêter.

Au même instant, le maréchal des logis établi avec un poste avancé au milieu du pont, amena un jeune homme, porteur d'un sac d'argent, et qui, aux premières détonations, parut lancer sa casquette en l'air en signe de joie. Croyant que l'on allait le fusiller, cet imprudent était pâle et blême, et plus mort que vif. Le capitaine en eut compassion et le renvoya sans autre punition que la frayeur qui s'était emparée de toute sa personne.

Je pressai la main au capitaine T***, qui m'autorisa à pénétrer dans la Cité, gardée partout avec une prévoyance admirable, et je la parcourus, seul, dans tous les sens.

De la Cité je passai sur la rive gauche, pour me rendre également compte des dispositions militaires de la division Renault, que je trouvai prête aussi partout à venger vigoureusement les affronts de 1830 et surtout de 1848.

Si la division Renault, dans la journée du 4 décembre, n'eut pour mission que de contenir la rive gauche et d'empêcher des hostilités dans les quartiers Saint-Jacques et Saint-Marceau, cette division avait eu à remplir, dans la journée du 2, une tâche bien délicate, celle d'assurer l'exécution politique du coup d'État à l'égard du parlement; cette tâche fut confiée aux brigades Ripert et Forey.

Le général Renault, qui depuis longtemps avait brûlé ses vaisseaux en faveur du prince Louis, se montra plein de zèle et d'ardeur pour l'exécution des décrets comme pour l'expulsion des représentants qui s'étaient réunis dans la salle Casimir-Périer.

Et dans sa revue d'inspection de ces deux brigades rangées sur le quai d'Orsay et autour du palais législatif, il ne cessa de rappeler à chacun ses devoirs de soldat. Le général Renault, qui n'a pas eu l'occasion de faire tirer un coup de fusil à sa division pendant ces trois journées, n'en a pas moins puissamment contribué à assurer l'exécution du coup d'État.

CHAPITRE XXIX

OPÉRATIONS DE LA BRIGADE DU GÉNÉRAL DULAC

Le général Dulac, qui commandait la réserve d'infanterie de l'armée de Paris, composée de la garde républicaine, des deux bataillons de gendarmerie mobile et d'une batterie d'artillerie, reçut l'ordre de prendre, pour la journée du 4 décembre, le commandement des 19e et 51e de ligne, détachés des divisions Levasseur et Renault, et d'occuper la pointe Saint-Eustache, ainsi que le quartier des Halles.

Le 51e de ligne se rendit le premier à son poste, et là, le colonel de Lourmel s'établit militairement, car il comprit toute l'importance de cette position, les mouvements stratégiques des divisions Carrelet et Levasseur devant avoir infailliblement pour résultat de refouler sur la pointe Saint-Eustache une grande partie de l'armée rouge.

Vers deux heures de l'après-midi, le général Dulac reçut du général en chef l'ordre de se rendre, de sa personne, avec une section d'artillerie, à la pointe Saint-Eustache et d'y enlever toutes les barricades du voisinage et particulièrement celles de la rue de Rambuteau.

A peine arrivé, le général disposa des détachements du 51e pour ces attaques; la première barricade n'opposa qu'une faible résistance; mais la seconde, que l'on avait rendue d'un accès plus meurtrier au moyen de balles de coton, derrière lesquelles ses défenseurs se croyaient invincibles, exigea de l'audace, et sous ce rapport le 51e, qui avait donné en Afrique tant de preuves de son intrépidité, ne pouvait que justifier la confiance de son général, ayant surtout à sa tête un colonel comme il en existe peu.

Le général Dulac ayant connaissance du plan général, et pour éviter que des balles n'atteignissent la colonne du général Herbillon, qu'il savait devoir déboucher par l'extrémité opposée de la rue de Rambuteau, avait prescrit au colonel de Lourmel de n'enlever les barricades qu'à la baïonnette et non par un échange de coups de fusil; cette sage précaution prévint tout malheur.

La seconde barricade, placée à la hauteur de la rue Saint-Denis, fut enlevée avec la rapidité de l'éclair, mais plusieurs braves du 51e tombèrent grièvement blessés.

C'est aussi en ce moment que le général Herbillon dirigeait son attaque contre les barricades qui lui étaient opposées et dont j'ai parlé plus haut.

Ces opérations terminées, le général Dulac reçut l'ordre de revenir aux Tuileries, en laissant seulement le 51e en observation à la pointe-Saint-Eustache.

Le colonel de Lourmel prit donc ses dispositions pour éviter toutes suprises de nuit.

Tout paraissait rentré dans le calme lorsque, vers neuf heures du soir, on vint l'informer que de nouvelles barricades s'élevaient dans toute la longueur de la rue Montorgueil et de la rue du Petit-Carreau.

Le colonel de Lourmel, à cet avis, prit la détermination hardie de les enlever, malgré l'obscurité profonde qui ne permettait pas d'en reconnaître l'importance, ni même les abords; mais il savait tout ce qu'il pouvait entreprendre avec des soldats et des officiers comme ceux qu'il avait l'honneur de commander.

Au bataillon du commandant Janin il confie cette expédition nocturne. Sa colonne d'attaque formée, le colonel de Lourmel se met à sa tête et s'engage dans la rue Montorgueil, précédé de la compagnie de voltigeurs du bataillon, qui avait elle-même, pour avant-garde, une demi-section, commandée par un sergent, à qui fut réservé l'honneur de s'élancer le premier sur les barricades, dont la plus forte se trouvait entre la rue Saint-Sauveur et la rue Thévenot.

La colonne se met en mouvement avec le plus grand calme et dans le plus grand silence, et arrive ainsi jusqu'à cent mètres de la barricade. Une décharge part de ce retranchement; à ce signal, les voltigeurs prennent le pas de course; deux minutes après, ils gravissaient la barricade, enlevaient le drapeau, et passaient par les armes tous ses défenseurs, parmi lesquels se trouvait le frère du représentant Dussoubs.

Les voltigeurs continuent leur mouvement, enlèvent avec la même rapidité et la même audace toutes les autres barricades de la rue Montorgueil et du Petit-Carreau, mais non toutefois sans éprouver des pertes cruelles.

Des fouilles sont aussitôt ordonnées chez les marchands de vin, une centaine de prisonniers y sont faits, ayant la plupart les mains encore noires de poudre, preuve évidente de leur participation au combat; comment alors ne pas appliquer à bon nombre d'entre eux les terribles prescriptions de l'état de siége ?...

Pendant ce combat sanglant, une tentative se faisait dans le voisinage de la place des Victoires, ayant évidemment pour but de menacer la Banque de France. A cet avertissement, le colonel Courant, du 19e de ligne, qui avait reçu l'ordre, vers huit heures, de rentrer au Palais-Royal, son bivouac provisoire, fait aussitôt prendre les armes, et s'élance au pas de course pour garantir la Banque; les socialistes n'acceptèrent pas le combat et s'enfuirent dans toutes les directions.

Le reste de la nuit fut calme, grâce à l'énergie des troupes et à l'active intelligence de leurs chefs.

Un épisode moins dramatique se passait à la même heure sur un autre point du champ de bataille; je crois devoir le rapporter dans ce tableau fidèle du combat du 4 décembre.

Ainsi que je l'ai dit, au 49e avait été confié le soin d'observer le voisinage de la porte Saint-Martin, pendant la nuit du jeudi au vendredi, et la journée du lendemain.

Une compagnie de voltigeurs avait été placée en position à l'entrée de la rue Meslay, où l'on avait construit une barricade avec un omnibus et une énorme voiture de vidangeurs.

La nuit était humide et froide, et les voltigeurs avaient épuisé leurs ressources pour l'entretien de leurs bivouacs :

« Pourquoi, dirent-ils à leur capitaine, ne nous servirions-nous pas du timon de cet omnibus, d'où l'on a tiré sur nos camarades ? »

Le timon est aussi enlevé, brisé et jeté au feu ; mais une demi-heure avait suffi pour le réduire en cendres.

Ce fut au tour des roues à alimenter le bivouac.

Deux heures suffirent pour ne laisser d'autres vestiges des quatre roues que leurs cercles ferrés, et il n'était qu'une heure au matin.

« Il nous reste encore la caisse, dirent les voltigeurs, pour passer la nuit ; pourquoi ne la mettrions-nous pas également au feu ? A quoi peut-elle désormais servir ? »

Cette proposition trouva de l'écho; les voltigeurs s'en emparent et se disposent à la briser pour en jeter aussi les morceaux au feu, lorsque tout à coup sort de l'intérieur un gamin qui, avant l'enlèvement de la barricade, s'était blotti sous l'une des banquettes, où il avait espéré n'être pas découvert.

« — En voilà encore un ! s'écrièrent les voltigeurs ; il faut le fusiller, car certainement il a tiré sur nos frères. »

On le fouille, et sous sa blouse, l'on découvre un pistolet et un poignard.

Les voltigeurs le conduisirent au capitaine pour prendre ses ordres, et voici le châtiment qui lui fut infligé :

Près de là, l'on avait déposé, dans une maison, le cadavre d'un clairon de chasseurs à pied, tué à l'attaque des barricades des Arts-et-Métiers !

Près de ce clairon se trouvaient également les cadavres de deux hommes du peuple.

« — Tu vas demander pardon à ce clairon, et à genoux, lui dit le capitaine.

« — Ce n'est pas moi qui l'ai tué, répondit le gamin en pleurant.

« — Qui m'en répond ? et d'ailleurs tu en as peut-être tué d'autres ; ainsi demande-lui pardon, ou sinon !... »

Le gamin se met à genoux, et demande grâce à ce malheureux soldat.

« — Ce n'est pas tout ; tu vas maintenant passer le reste de la nuit avec tes deux camarades et leur victime, et plus tard on verra ce que l'on devra faire d'un petit polisson de ton espèce. »

Et la porte est fermée sur lui ; mais soit par remords, soit par terreur de se trouver ainsi seul dans l'obscurité, et côte à côte avec trois cadavres, le gamin frappa bientôt violemment à la porte, en conjurant de l'arracher au supplice moral qui lui était infligé.

Le capitaine, croyant la leçon assez forte, le fit sortir et le renvoya à ses parents.

LIVRE DIXIÈME

Aspect des boulevards le 4 décembre, à 10 heures du soir. — Stupeur des alarmistes. — Fausses nouvelles. — Tableau de Paris le 5 décembre. — Attitude des troupes le lendemain du combat. — Rencontre d'un ancien ministre du gouvernement provisoire. — Réponse à ses questions. — Une joie paternelle. — Visite du champ de bataille. — Sourdes menaces. — Rentrée des troupes dans leurs garnisons respectives.

CHAPITRE XXX

JEUDI 4 DÉCEMBRE (10 HEURES DU SOIR)

Tourmenté comme une âme en peine, je ne pus rester chez moi et j'en sortis seul, à huit heures du soir, avec l'intention de me rendre à l'état-major pour y connaître le résultat de la bataille.

Le ministre de la guerre et le général en chef étant en ce moment en conférence, je ne pus rien apprendre de positif sur les événements de la journée et me déterminai à m'aventurer à tout hasard vers la Chaussée-d'Antin.

Dans le passage de l'Orme je trouvai l'un de mes anciens camarades de régiment.

« — Où diable vous dirigez-vous ainsi, mon cher de Mauduit? s'écria-t-il; vous ignorez donc ce qui se passe?...

« — Je me rends à l'hôtel de mon fils pour en savoir des nouvelles, n'en ayant point depuis midi.

« — Vous ne pourrez traverser le boulevard, mon cher ami, sans vous exposer à des coups de pistolet ou de lance de la part des vedettes placées à chaque angle de rues; les boulevards sont jonchés de cadavres; le général de Cotte a été tué, ainsi qu'un colonel de sa brigade; les régiments se sont battus entre eux, etc., etc. »

A ces paroles mon sang bouillonna; la mort du général de Cotte, si formellement annoncée, me fit tout redouter pour mon fils.

Dès ce moment, conseils, dangers, rien ne m'eût arrêté, j'aurais tout bravé pour arriver à la rue de la Victoire.

Je serrai la main de mon vieil ami et m'acheminai seul vers les boulevards; il était près de dix heures.

Toutes les boutiques étaient hermétiquement fermées, nulle lumière n'éclairait l'intérieur des appartements donnant sur les rues, qui toutes étaient réduites à la pâle lueur du gaz des réverbères.

La température était humide et le ciel assombri.

De loin en loin, quelques individus attardés rentraient chez eux, mais nul curieux, nul groupe causant sur le seuil des portes, comme c'est l'ordinaire en pareilles conjonctures; partout un aspect lugubre!...

« — N'allez pas vers les boulevards, me dit à voix basse un passant qui en revenait et que je trouvai au milieu de la rue de la Michodière, on tire sur tout ce qui traverse.

« — Merci, monsieur, de votre bon conseil, répondis-je, mais il me faut à tout prix me rendre dans la Chaussée-d'Antin. Je continuai et traversai le boulevard à la hauteur des bains Chinois.

Un groupe assez nombreux, mais consterné, était formé au débouché de la rue du Montblanc; on y écoutait le récit d'un individu qui venait, disait-il, de voir rangés sur l'asphalte qui borde le grand dépôt d'Aubusson une trentaine de cadavres bien vêtus et parmi eux celui d'une femme; « *Et on se bat encore dans la rue Montorgueil*, » ajouta-t-il.

Une impression de terreur dominait dans ce groupe et semblait paralyser tout le monde, car chacun se retirait en silence après avoir recueilli sa part des sinistres nouvelles du moment...

J'arrivai enfin à l'hôtel de mon fils; il n'y avait pas paru depuis trente-six heures, ni même donné signe de vie depuis lors; j'en fus atterré!... et répétai mon invocation du matin.

Je revins sur mes pas avec la ferme intention d'arriver jusqu'à sa brigade... Mais impossible, le boulevard est partout intercepté, l'on ne peut même aborder une vedette pour en obtenir le plus léger renseignement.

Quelles angoisses !...

En reprenant la rue de la Michodière, un monsieur vint à moi et me demanda de m'accompagner.

« — Que d'affreux malheurs ! monsieur, s'écria-t-il, et que de malheurs plus affreux encore si tous les honnêtes gens ne se réunissent pour arrêter cette horrible boucherie, en envoyant supplier le Président de la République de renoncer à son coup d'État et de résigner son autorité !... Demain tout Paris sera sous les armes et les rues couvertes de barricades.

« — Je n'en crois rien, répondis-je, le combat a été trop vigoureusement accepté et soutenu par les soldats pour laisser aux Parisiens quelque illusion sur l'issue d'une lutte prolongée. La population parisienne ne s'est jamais montrée crâne que devant des adversaires faibles en nombre, irrésolus dans leurs plans et prêts à lui céder le champ de bataille ; il n'en sera pas de même du Président de la République ni de l'armée, qui se dévoue à l'accomplissement de son œuvre. Demain Paris sera dans la stupeur, je ne le conteste pas, mais nullement tenté de prolonger la lutte. »

Je pris congé de mon alarmiste et regagnai mes pénates, le cœur bien gros néanmoins : mon fils, qu'était-il devenu ? . . .
. . . .

Je gagnai et suivis les quais de la rive droite jusqu'à l'Hôtel-de-Ville ; place et quais étaient tout illuminés, comme pour un jour de grande fête nationale. C'était le résultat d'un ordre, afin de faciliter les opérations des troupes pendant cette nuit décisive.

Quelques détonations se faisaient encore entendre et se perdaient dans les airs ; mais à minuit rien n'annonçait une revanche ; l'armée socialiste était vaincue et dispersée à ne pouvoir plus se rallier. La victoire restait à Napoléon. . . . .
. . . .

Jetons, lecteurs, jetons un crêpe funèbre sur les victimes nombreuses de nos discordes qui gisent çà et là depuis Tortoni jusqu'à la porte Saint-Denis, et parfois par groupes réunis !...

Terminons le douloureux récit de ce drame par quelques paroles moins sombres, plus consolantes, moins amères.

L'arc-en-ciel ne paraît-il pas toujours après l'orage ? Trêve donc au cliquetis des armes, aux détonations salpêtrées ; voici venir la charité et la religion, elles réclament aussi leurs droits de divine assistance !...

Pendant le plus fort de la fusillade, du nº 8 du boulevard, à quelques pas seulement de la porte Saint-Denis, sortit tout à coup une jeune femme; elle se présente au colonel du 1er de lanciers et le supplie de lui permettre de porter des secours aux blessés.

Il y avait en ce moment encore danger, car les balles sifflaient et frappaient dans tous les sens. La jeune femme insiste et s'élance vers un groupe de morts et de mourants déposés non loin de là; des soldats se pressent autour d'elle comme pour lui servir de cuirasse pendant son évangélique mission, payant ainsi leur tribut d'hommage, de respect et de dévoûment à mademoiselle Blanche d'Avignon, cette héroïne de bienfaisance!...

Quelques heures plus tard, un ange descendu du ciel sous le costume d'une sœur hospitalière, et n'ayant pour talisman qu'un petit crucifix en bois, se présente encore au colonel du 1er de lanciers qui avait pour mission de garder la ligne entière des boulevards jusqu'à la Bastille.

Sur ce point, le boulevard offrait l'aspect de la désolation; tout y était désert, triste et silencieux; on n'y découvrait que cadavres; quelques vedettes; aux débouchés des rues quelques patrouilles se croisant de distance en distance; l'on n'entendait que quelques cris plaintifs au pied des maisons. C'était là que voulait se rendre cette sœur angélique par son âge comme par sa beauté surnaturelle.

« — Et quoi? ma sœur! vous vous exposez seule ainsi au milieu d'un pareil chaos?...

« — Ah! monsieur le colonel, je ne crains rien. »

Et lui montrant ce petit crucifix qu'elle tient en main, elle s'écrie :

« Au nom de Jésus-Christ, je vous demande, monsieur le colonel, de me permettre d'accomplir mes devoirs de sœur de charité?...

« — Sainte femme, reprit le colonel de Rochefort, vous êtes une providence sur cette terre; remplissez votre mission, mais sous la protection toutefois de quelques-uns de mes lanciers. »

Peu d'instants après, apparut un homme tout vêtu de noir et marchant d'un pas précipité dans la direction du colonel; c'était un autre vicaire de Jésus-Cchrist, mais à qui une consécration spéciale a donné des droits spirituels que n'ont pas les sœurs de Saint-Joseph.

Ce vicaire venait, lui aussi, invoquer son droit de consolations aux mourants, et de sublimes espérances !

Ah ! que la religion a de puissance sur les cœurs animés de sa foi ! Voilà deux jeunes femmes, seules, bravant tout ce que l'on redoute le plus en ce monde, la mort et le contact avec des cadavres ! oui, voilà deux jeunes femmes qui, de leurs mains délicates, tournent, retournent des corps ensanglantés pour y chercher encore un souffle de vie, des soins à prodiguer !...

Voilà un ministre du Seigneur qui, agenouillé près d'un malheureux à l'agonie, cherche à lui faire entendre quelques paroles de paix et d'espérance !...

Oui, voilà de ces scènes touchantes qui se sont renouvelées pendant une partie de la nuit qui a suivi la tourmente de la journée du 4 décembre.

Qu'en pensez-vous, voltairiens de 1851 ?...

CHAPITRE XXXI

VENDREDI 5 DÉCEMBRE (8 HEURES A MIDI)

Quelle nuit d'angoisses et de stupeur fut pour tout Paris celle du jeudi au vendredi !... et surtout pour les habitants des boulevards et des quartiers Saint-Denis, Saint-Martin, Rambuteau et Montorgueil !...

Là, des cadavres gisaient pêle-mêle sur le seuil des portes comme au milieu des rues, comme au pied des barricades, et l'on ne savait si au lever de l'aurore ne recommencerait pas la lutte avec plus d'acharnement encore ; si, en un mot, Paris tout entier ne s'ensevelirait pas sous un monceau de cendres, car l'on n'ignorait pas les projets infernaux de certains membres des sociétés secrètes, aidés de quelques centaines de bandits.

Mais l'armée, par l'énergie de son attaque avait imprimé une terreur telle parmi cette masse qui n'a de pareille nulle part au monde, qu'elle s'enfuit épouvantée et n'osa plus reparaître ; et de même que sur le champ de bataille, l'audace d'une attaque est toujours le meilleur moyen de succès et d'économie d'hommes, de même la résolution et l'ardeur des soldats pendant le combat du

4 décembre, tout en faisant de regrettables victimes, ont peut-être sauvé Paris, mais certainement lui ont épargné bien des malheurs privés, bien des désastres.

Rentré à minuit, dès sept heures du matin je recommençais déjà mes pérégrinations historiques. Je me dirigeai par la rive droite, depuis l'Hôtel-de-Ville jusqu'aux Champs-Élysées, dans l'espérance d'y avoir des nouvelles de la brigade de Cotte, que je savais avoir le plus souffert.

Le temps était humide et froid, peu d'habitants s'étaient encore hasardés à sortir. L'aspect du quai était sombre, les quelques passants que je rencontrais portaient sur leurs traits l'empreinte de l'inquiétude, quelques-uns même de la stupéfaction.

A la hauteur du pont des Arts, j'aperçus, débouchant par la rue de Seine, une tête de colonne d'infanterie. Je pressai le pas et j'arrivai en même temps qu'elle au pont des Saints-Pères. C'était une brigade qui quittait ses positions de la rive gauche pour aller se masser sur la place Louis XV.

Je la suivis jusque-là.

Cette longue colonne, munie de tous ses ustensiles de guerre, marchait en silence; l'on n'entendait retentir sur le pavé que son bruyant attirail d'artillerie, et j'avoue que j'en ressentis une vive impression, car l'attitude des soldats me parut des plus déterminées, et malheur à qui les eût provoqués.

Je continuai jusqu'au Cirque; sur l'avenue de la Reine, ainsi que dans les quinconces du Panorama, j'aperçus des lanciers au bivouac, et recouverts de leurs manteaux blancs.

Sur l'asphalte qui borde la chaussée, des tas de paille annonçaient que là aussi avait bivouaqué de la cavalerie, mais il n'y restait plus personne; quelques voitures du train des équipages, chargées, les unes de fourrages, les autres d'avoine, quelques ambulances en réserve, voilà les seules troupes que je rencontrai aux Champs-Élysées, et personne ne put me dire ce qu'était devenue la brigade que je cherchais avec une si juste impatience.

Un dragon du 12e m'annonça seulement que son régiment venait de partir pour faire une reconnaissance sur les boulevards extérieurs, et que les carabiniers et les cuirassiers étaient allés s'établir sur les boulevards, depuis la Madeleine jusqu'à la Bastille.

Les Champs-Élysées étaient tristes et déserts; je n'y rencontrai que quelques groupes d'individus se chauffant à des bivouacs à demi éteints.

Un bataillon du 6e léger, commandé par mon ancien camarade e la Rochette, venait de prendre le service à l'Élysée, et je vis ortir de la cour d'honneur le bataillon du 58e qu'il avait relevé.

Un incident me frappa à la sortie du premier peloton de grenadiers. Derrière lui venaient une trentaine de gardes nationaux de je ne sais quelle légion, et que l'on avait enclavés entre deux sections de grenadiers pour les protéger sans doute jusqu'à leur quartier.

Je retournai de là chez mon fils: on n'en avait pas de nouvelles, et il était déjà dix heures et demie.

Je revins à l'Élysée dans l'espérance d'apprendre, par l'entremise de mon camarade, la position de sa brigade. Impossible, à l'Élysée on ne le savait pas.

Je m'acheminai à tout hasard encore vers les boulevards.

Près de la Madeleine, un peloton du 6e de cuirassiers, sous le commandement d'un sous-lieutenant, y observait la rue Tronchet.

A la hauteur du jardin de l'hôtel des Affaires étrangères je rencontrai, en compagnie d'un de ses amis, un ancien ministre du gouvernement provisoire.

Je lui trouvai les traits altérés; était-il souffrant ou consterné de ce qui se passait?... Je ne saurais le préciser; mais sur son interpellation relativement à mon opinion sur l'esprit des troupes et leurs intentions dans le cas d'une lutte qui se prolongerait, je lui répondis :

« — Mon cher M..., si j'ai un conseil à vous donner, c'est de ne pas en tenter l'expérience; car l'armée veut tirer une vengeance éclatante, terrible peut-être, des humiliations de 1830, et surtout de 1848, où la canaille de Paris fut si indigne pour elle, après avoir, par sa désaffection au gouvernement de Louis-Philippe, si puissamment contribué à votre prétendu triomphe de cette époque.

— « Vous croyez donc que l'armée se battra longtemps encore.

— « N'en doutez pas, et suivez mon conseil, rentrez chez vous, et n'en sortez pas avec des armes.

« — Il faut donc prendre patience, reprit son ami.

« Oui, monsieur, répondis-je, et je vous y engage même très-ort. »

Au débouché de toutes les rues, et jusqu'à la Bastille, se trouvait un peloton de cuirassiers ayant tous des vedettes ambulantes, le sabre pendant à la dragonne et le pistolet au poing.

Les abords de Tortoni et de la maison Dorée étaient occupés

par les mêmes groupes que les deux jours précédents, et presque aussi compacts; mais les figures y étaient sombres et généralement silencieuses et non provocatrices comme la veille; la colère s'était concentrée, mais non calmée.

J'étudiais en philosophe cette métamorphose, lorsque j'aperçus, venant au galop de la direction de la porte Saint-Denis, un officier suivi d'un lancier. Je quitte brusquement le bras de mon ami, et comme l'éclair je m'élance au milieu de la chaussée, saute à la bride du cheval que j'arrêtai court, tant j'y avais sans doute mis de force ou d'énergie : c'était mon fils, que je retrouvais plein de vie et tout fier d'avoir noblement reçu son baptême de feu! Que l'on juge de ma surprise et de ma joie!...

Dieu me réservait cette douce émotion après tant d'angoisses.

« — Je me rends, en toute hâte, auprès du général de division Carrelet, me dit-il, et dans une demi-heure je serai de retour auprès de mon général, que vous trouverez à la porte Saint-Denis.

« — Je vais t'y attendre, » répondis-je en lui pressant convulsivement la main.

Mon fils disparut au galop!... Je revins près de mon ami, que je trouvai lui-même tout ému de cette heureuse rencontre, lorsque, du milieu d'un groupe, je m'entendis appeler, et vis venir à moi et me presser la main un ancien camarade de la garde :

« Est-ce que c'est votre fils, cet officier de chasseurs que, depuis vingt-quatre heures, on voit sans cesse passer et repasser, et suivi seulement d'un lancier, au milieu d'une foule presque compacte et si peu bienveillante pour l'armée?...

« — Oui, répondis-je, avec un certain orgueil, à une question qui semblait m'annoncer que mon fils ne s'était point laissé intimider par les vociférations au milieu desquelles il avait dû remplir bien des missions de ce genre, depuis et pendant le combat.

Jusqu'à l'entrée du faubourg Poissonnière, la circulation sur les boulevards était libre ; mais là elle était interceptée par le 15e léger et le 72e de ligne; c'était la brigade du général de Cotte, encore en position sur son champ de bataille de la veille.

J'y étais donc arrêté, comme tout le monde, lorsque je vis venir vers moi, sur la chaussée, le général entouré de plusieurs officiers; je me nommai à un officier du 72e, qui aussitôt m'autorisa à passer et à rejoindre le général de Cotte, dont les premières paroles allèrent droit à mon cœur, car elles étaient toutes flatteuses et honorables pour son jeune officier d'ordonnance, et ce qui mit le comble à ma joie paternelle, ce fut le concert unanime de tous les officiers du 72e présents, en ce moment, sur ce même point.

Là, le boulevard offrait l'image du plus affreux désordre; toutes les maisons étaient criblées de balles, tous les carreaux brisés, toutes les colonnes vespasiennes démolies, et leurs débris de briques répandus çà et là sur la chaussée; des avant-trains d'artillerie brisés brûlaient encore à un feu de bivouac, qui, en ce moment, achevait de dévorer une roue.

Les pièces attelées étaient en batterie sur le milieu de la chaussée, prêtes à repousser toute attaque venant du boulevard du Temple; mais l'armée socialiste était vaincue et ne songeait certes plus à une revanche, qui eût été plus sanglante, plus terrible encore que la bataille elle-même, si elle eût voulu la tenter : la prudence est, dit-on, meilleure conseillère que la fanfaronnade ou la colère!...

Je m'entretenais, depuis une heure, avec le général de Cotte, son capitaine aide de camp M. Carnet, et le capitaine de grenadiers, M. de Tourreau, qui avait eu vingt hommes mis hors de combat, tant tués que grièvement blessés, lorsque arriva mon fils du quartier général de la division.

Là, je me fis raconter toutes les circonstances de l'attaque des barricades par les acteurs eux-mêmes. Je les ai rapportées plus haut.

CHAPITRE XXXII

SAMEDI, 6 DÉCEMBRE

Abîmé de fatigue et d'émotions, je ne repris mes pérégrinations qu'à midi, et sur l'avis officiel que la circulation était rétablie dans tout Paris.

Et, en effet, hommes, chevaux, voitures, encombraient les rues, comme jamais peut-être, car le Parisien étant le plus curieux et le plus avide de spectacle qu'il y ait sur le globe, c'était à qui profiterait de l'arrêté du préfet de police pour visiter sans crainte le champ de bataille de l'avant-veille.

Je commençai mon inspection par la place de l'Hôtel-de-Ville, sur laquelle j'avais vu rangées en faisceaux, mercredi, les armes des sept bataillons d'infanterie de la brigade du général Herbillon, pendant que les soldats, sacs au dos, se promenaient ou devisaient autour d'énormes feux, car la température était brumeuse et froide.

Aujourd'hui, au contraire, la place était déserte comme rarement elle l'est; l'Hôtel-de-Ville n'avait plus que sa garnison habituelle, et plus de postes avancés.

Quant au public qui formait le cordon de curieux et d'*observateurs* mercredi, il avait disparu et s'était sans doute éparpillé, également en curieux, dans le labyrinthe des insurrections! Je jetai un coup d'œil rapide sur les résultats de la fusillade au milieu de laquelle je faillis me trouver l'avant-veille. Le vitrier n'avait sans doute pas encore été appelé, car tous les carreaux de la place étaient à remplacer.

J'enfilai la rue du Temple, et au débouché de la rue des Blancs-Manteaux, j'aperçus des traces nombreuses de balles. Les socialistes avaient sans doute occupé cette position.

Presque tous les carreaux de cette maison, de belle apparence, étaient brisés.

Parvenu à la rue de Rambuteau, je me dirigeai, comme le public en procession, vers Saint-Eustache, et ne tardai pas à voir toutes les têtes en l'air et les yeux fixés sur plusieurs maisons, particulièrement sur celle qui forme l'angle de la rue du Temple, et qui, en effet, était criblée.

A ses pieds se trouvaient encore les débris de l'omnibus qui avait servi de base à la barricade, cause de tous ces dégâts.

L'omnibus fut démoli à coups de canon, tout rempli de pavés qu'il fût, et servit à alimenter le bivouac pendant la nuit, et ce matin je n'en revis que le squelette ferré des roues et des essieux.

Une compagnie de grenadiers du 43e de ligne, qui, à Zaatcha, se conduisit si bravement, occupait les maisons des quatre angles des rues du Temple et Rambuteau. A chaque croisée se trouvait un grenadier assis sur une chaise, ayant le fusil chargé et prêt à faire feu au moindre geste hostile de cette population plus comprimée que satisfaite de ce qu'elle voyait : les figures étaient mornes; on marchait en silence, car il fallait circuler et peu s'arrêter.

De ce point de la rue Rambuteau jusqu'au-delà de la rue Saint-

Denis, vers Saint-Eustache, se trouvaient échelonnées plusieurs compagnies de ce même régiment ayant leurs armes en faisceaux; les soldats étaient, les uns en rang derrière, ou assis autour de petits feux où se faisait leur soupe.

Les soldats paraissaient fatigués; mais leur attitude était martiale, bien que leur tenue fût un peu délabrée, comme le lendemain d'une bataille. Dans les rues transversales on avait placé des sentinelles avancées assez rapprochées les unes des autres pour se porter mutuellement appui et éviter toute surprise de la part d'un ennemi vaincu, mais toujours prêt à prendre sa revanche à la première faute commise, car son intelligence est grande et son audace lui a souvent réussi.

Des ouvriers requis, en exécution de l'arrêté de M. Berger, préfet de la Seine, étaient occupés à replacer les pavés qui avaient servi à élever les barricades; des vitriers, des serruriers et menuisiers réparaient les devantures des boutiques, les croisées endommagées.

J'entrai dans la rue Saint-Denis, où s'étaient livrés les combats les plus sanglants. Un double intérêt m'y attirait.

Deux énormes brèches à deux angles de maisons annonçaient que là s'étaient arrêtés deux obus avant leur explosion, qui, par leur détonation, avaient brisé tous les carreaux du voisinage. Ce spectacle paraissait attirer l'attention des promeneurs, qui, souvent, pendant qu'ils ont la tête en l'air, trébuchent ou tombent en passant sur les pavés mal assurés de la barricade démolie.

De nombreuses flaques de sang, mêlées de boue, se remarquent encore sur ce point.

De là jusqu'à la porte Saint-Denis, les maisons portent peu de traces de balles; les carreaux sont presque tous intacts; mais il n'en est pas de même de la grande maison formant l'angle gauche de la rue Saint-Denis et du boulevard Bonne-Nouvelle. Là il ne reste plus un carreau ni aux devantures du magasin, ni aux croisées : c'est le résultat des détonations des pièces que l'on avait dû mettre en batterie pour battre en brèche les barricades élevées devant la porte Saint-Martin.

C'était l'une des têtes de pont des socialistes, concentrés, comme toujours, dans cet inextricable labyrinthe des insurrections parisiennes, jusqu'à ce qu'enfin un gouvernement habile et fort transforme ces cavernes en squares élégants, en places publiques ou tout au moins en rues larges et droites aboutissant toutes à un rond-point d'où l'on puisse tout voir et tout combattre au besoin. Tant qu'un plan analogue n'aura pas reçu son exécution, le Carré-Saint-Martin sera le quartier général et la citadelle de toutes les révolutions populaires...

Me voici sur le boulevard, que je remontai dans la direction de la Madeleine. Depuis ce point jusqu'à la rue Montmartre, on n'aperçoit que débris de barricades et traces de combat.

Le poste Bonne-Nouvelle est complétement dévasté à l'intérieur, ce haut fait de quelques douzaines de gamins est devenu un spectacle pour le Parisien; on fait queue pour y entrer, comme le dimanche à l'Ambigu-Comique.

« — Qu'est-ce qu'il y a donc là? demande-t-on à chaque instant à ceux qui sortent; est-ce une ambulance?

« — Non, répondit devant moi un amateur de bons mots : *ce sont des latrines publiques !...* »

C'est bien là le loustic parisien, qui toujours rit ou plaisante au milieu des scènes les plus graves et les moins souriantes!

Une population immense se presse et se croise sur les contre-allées; la chaussée est libre, et pas un soldat ne s'y trouve, tandis que hier encore elle était occupée militairement, comme en pays ennemi, par 4 régiments de cuirassiers (1er et 2e de carabiniers, 6e et 7e de cuirassiers), depuis la Bastille jusqu'à la Madeleine, et par les brigades d'infanterie des généraux de Cotte et Canrobert, qui avaient combattu l'avant-veille sur ces points.

Omnibus, fiacres, cabriolets de place ou de régie parcourent et se croisent égalcment sur la chaussée au milieu d'une boue liquide d'un pouce ou deux d'épaisseur, car depuis cinq jours les cantonniers n'ont pu remplir leurs fonctions de macadamisage.

Les femmes, pour traverser le boulevard, relèvent leurs robes souvent au delà du nécessaire et provoquent des éclats de rire; les muscadins marchent sur la pointe du pied, mais leurs bottes vernies n'en seront pas moins couvertes de boue.

Presque toutes les maisons du boulevard Bonne-Nouvelle et particulièrement celles des angles des rues Poissonnière et Mazagran sont criblées de balles, et peu de carreaux ont échappé à l'ouragan.

Sur le boulevard Poissonnière, l'on voit encore, sur les marches du grand dépôt d'Aubusson, une mare de sang que l'on eût bien dû faire disparaître en enlevant les vingt-cinq ou trente cadavres que l'on y avait rangés et laissés exposés, pendant vingt-quatre heures, aux regards d'un public consterné.

Un coup de fusil, parti de ce vaste établissement sur la tête de colonne du général Canrobert, a causé ces malheurs, comme le 23 février un coup de pistolet parti des rangs d'une bande d'émeutiers sur le 14e de ligne, causa la mort d'une trentaine de curieux sur le boulevard des Capucines.

Quel étrange rapprochement de deux circonstances analogues! Des maçons sont occupés à réparer les brèches faites à la façade de ce bel hôtel par la mitraille et les boulets.

Le flux, qui monte et descend, s'arrête tout à coup là et forme encombrement jusqu'au moment où chacun, ayant satisfait sa curiosité, reprend sa marche vers un autre spectacle.

Une impression de stupeur se fait remarquer sur toutes les figures. On ne s'aborde qu'avec hésitation et pour se demander avec inquiétude :

« Comment cela finira-t-il? »

Peu de figures ne sont pas au moins soucieuses; quelques-unes peignent la colère et la rage concentrées, et s'expriment à mi-voix en termes où ne respirent que la haine et la vengeance... contre le Président, contre les généraux et *la graine d'épinards*. Qu'ils se tiennent donc sur leurs gardes! plus d'un poignard s'aiguise et plus d'une arme se charge, en ce moment, dans cette pensée criminelle d'un assassinat prémédité, qui devrait répugner toujours à une nation comme la nôtre, où l'on a généralement assez de sang dans les veines pour se combattre à visage découvert.

De ce champ de bataille du boulevard, je me dirigeai vers la rue du Petit-Carreau, où je savais qu'une barricade avait dû être enlevée à trois reprises différentes par des patrouilles du 15e léger; de là je descendis la rue Montorgueil et m'arrêtai quelques instants sur l'emplacement même de la barricade, dont les défenseurs s'étaient presque tous fait tuer, après l'avoir vigoureusement disputée aux braves du 51e de ligne, récemment arrivé d'Afrique.

L'aspect de ce quartier était calme; partout les paveurs avaient fait disparaître les traces des barricades élevées depuis le bas de la rue Montorgueil jusqu'au sommet de la rue du Petit-Carreau, qui en est le prolongement. Si ce n'eussent été quelques ricochets de balles empreints sur les murs, et quelques carreaux non encore remplacés, on ne se serait pas douté que sur ce point cent cinquante Français avaient payé de leur sang ce nouveau tribut à nos dissensions intestines.

Des couches de sable jaune, dont ces rues étaient saupoudrées de distance en distance, indiquaient seules que là on s'était battu, mais le sang avait disparu en se mêlant à la boue.

Le public y vaquait à ses affaires ; les curieux étaient peu nombreux ; le célèbre restaurateur Philippe conviait ses habitués par un appétissant étalage de la marée la plus fraîche, de gibier, terrines truffées, et des fruits les plus séduisants; mais la bourrasque du jeudi avait dû nuire à ses recettes habituelles.

Je continuai mon inspection et j'arrivai à la Pointe-Saint-Eustache, où j'aperçus le poste de la gendarmerie mobile, rangé derrière ses faisceaux et voyant défiler paisiblement devant lui le public qui là se croisait dans tous les sens.

Sa tenue contrastait par sa régularité et sa fraîcheur avec celle des autres troupes d'infanterie que l'on rencontrait soit au débouché des rues, soit dans les passages occupés par elles ; quelques compagnies de ce magnifique corps de réserve de l'armée de Paris avaient seules été engagées, les deux bataillons étaient restés massés dans la cour des Tuileries, prêts à suivre le général en chef et à lui frayer un chemin à travers tous obstacles si la gravité de la lutte eût rendu sa présence nécessaire sur le lieu même du combat; mais, ainsi que je l'ai dit, l'esprit de la population parisienne ne ressemblait en rien les 2, 3 et 4 décembre 1851 à celui qui l'animait les 27, 28 et 29 juillet 1830, encore moins les 22, 23 et 24 février 1848.

L'agitation n'était qu'à la sommité, et non dans le cœur des masses.

De la Pointe-Saint-Eustache, je me hasardai dans ce labyrinthe de toutes les révoltes passées, présentes et futures, enclavé dans les 5e et 6e arrondissements de Paris, et appelé communément le Carré Saint-Martin, je traversai d'abord la rue Aubry-le-Boucher, où un individu bien mis et à barbe de bouc était venu prescrire le jeudi, vers midi, de construire une barricade, ce qui fut aussitôt exécuté sous les yeux mêmes des habitants par cinq ou six gamins ou hommes de mauvaise mine, au moyen d'une voiture que l'on renversa en travers de cette petite rue de communication du marché des Innocents avec la rue Saint-Martin, et peu après ces cinq ou six *voyous* la défendaient contre une patrouille qui l'enleva et la détruisit au prix de quelques hommes hors de combat.

C'est encore dans cette même rue que, le 23 février 1848, le 21e de ligne perdit sept grenadiers d'une décharge partie d'un groupe placé à l'extrémité de la rue et même d'un toit. L'émeutier qui s'y était établi, ayant été aperçu, fut à l'instant ajusté par un grenadier, et tomba raide d'un sixième étage au milieu même de la rue ; son fusil était encore chaud, ce n'était par conséquent pas un simple curieux.

Je parcourus les rues Beaubourg, Transnonain, Phélippeaux, des Gravilliers, etc., etc., où partout le pavé en désordre annonçait encore que là on s'était vivement disputé le terrain.

Tous les débouchés étaient gardés militairement par des soldats des 43e et 44e de ligne.

Mais comme dans ces rues tortueuses le canon ne pouvait être employé, les obstacles durent être enlevés à la baïonnette, les dégâts matériels ne m'y parurent donc pas considérables ; le pavé seul fut bouleversé ; les habitants paisibles passèrent de nouveau par quelques heures d'angoisses, et tous se les racontaient, encore émus et réunis par petits groupes sur le seuil de leurs portes.

Je repris la ligne des boulevards, que je suivis cette fois jusqu'à la Madeleine.

On ne s'y entretenait, en ce moment encore, que des charges du 1er régiment de lanciers, dont j'ai rapporté plus loin les causes et les terribles conséquences.

La population habituelle de ce séjour de *la flânerie* en conservera longtemps le souvenir, et saura que s'il y a du courage à se battre sur une barricade, l'on ne tire pas toujours impunément du fond d'un salon brillant, et même masqué par la poitrine d'une jolie femme contre une troupe armée uniquement de lances et de pistolets.

Plus *d'un brave* de cette espèce ont payé cher leurs injures et leurs fusillades à *la Jarnac ;* plus d'une amazone du boulevard a payé cher également son imprudente complicité à ce nouveau genre de barricade... puissent-elles en profiter pour l'avenir !...

CONCLUSION

Sanction politique de la RÉVOLUTION MILITAIRE du 2 décembre 1851 par SEPT MILLIONS CINQ CENT MILLE SUFFRAGES. — Consécration religieuse. — *Te Deum.*

PROCLAMATION DES VOTES

Le 31 décembre à huit heures et demie du soir, la commission consultative se rendit à l'Élysée, où elle fut reçue par le Président de la République, entouré de ses ministres et de ses aides de camp.

M. Baroche, vice-président, lut, et remit ensuite entre les mains de Louis-Napoléon l'extrait du procès-verbal constatant que le vote des 86 départements, de l'Algérie, de l'armée et de la marine, sur le plébiscite du 2 décembre, donnait pour résultat :

Oui.................... 7,439,216
Non.................... 640,736

Voici le texte de ce document :

COMMISSION CONSULTATIVE

Séance du 31 décembre 1851.

Extrait du registre des délibérations.

« La commission consultative chargée par le décret du 14 décembre de procéder au recensement général des votes émis sur le projet de plébiscite proposé le 2 décembre par le Président de la République à l'acceptation du peuple français;

« Après avoir examiné dans ses bureaux et pendant les séances des 24, 26, 27, 28, 29, 30 et 31 décembre, les procès-verbaux d'élection dressés dans les divers départements de la République et dans tous les corps composant l'armée de terre et de mer, lesquels procès-verbaux ont été transmis à la commission par les ministres de l'intérieur, de la guerre et de la marine;

« Après avoir, dans la séance générale de ce jour, entendu les rapports qui lui ont été faits au nom de chacun de ses bureaux;

« Considérant qu'il est établi, par les pièces soumises à son examen, que les opérations électorales ont été librement et régulièrement accomplies;

« Que si les procès-verbaux d'élection dressés dans le département des Basses-Alpes, ainsi que dans quelques communes de deux départements et dans une partie de l'Algérie, ne sont pas encore parvenus au ministre de l'intérieur, il convient, en présence de l'immense majorité obtenue par le projet de plébiscite, et pour ne pas retarder la proclamation du vote, de prendre provisoirement pour base, et sauf vérification ultérieure pour ces diverses localités, les chiffres indiqués par la correspondance des préfets, et de porter seulement pour l'Algérie les chiffres qui sont, quant à présent, connus;

« Déclare qu'il résulte du recensement général des votes émis sur le projet de plébiscite du 2 décembre, ainsi que du tableau général qui en a été dressé et qui sera annexé au procès-verbal,

« Que les bulletins portant le mot *oui* sont au nombre de.. 7,439,216

« Ceux portant le mot *non* au nombre de......... 646,736

« Les bulletins déclarés *nuls* au nombre de....... 36,880

« La commission consultative décide qu'elle se rendra ce soir, à huit heures et demie, à l'Élysée, pour présenter à M. le Président de la République le résultat du recensement général des votes.

« Une ampliation du présent procès-verbal, signée du vice-président et des secrétaires, sera adressée au ministre de l'intérieur pour être déposée aux archives nationales.

« Fait au palais du quai d'Orsay, en séance générale de la commission consultative, le 31 décembre 1851.

« Le vice-président de la commission consultative,

« Signé : BAROCHE.

« Les secrétaires : BÉRARD, PEPIN LEHALLEUR, DE MOUSTIER, MATHIEU BODET, DE PLANCY, BATAILLE. »

M. Baroche a ensuite pris la parole en ces termes :

« Monsieur le Président,

« En faisant appel au peuple français, par votre proclamation du 2 décembre, vous avez dit :

« Je ne veux plus d'un pouvoir qui est impuissant à faire le « bien et m'enchaîne au gouvernail quand je vois le vaisseau cou« rir vers l'abîme. Si vous avez confiance en moi, donnez-moi les « moyens d'accomplir la grande mission que je tiens de vous. »

« A cet appel loyal, fait à sa conscience et à sa souveraineté, la nation a répondu par une immense acclamation, par plus de sept millions quatre cent cinquante mille suffrages.

« Oui, Prince, la France a confiance en vous ! elle a confiance en votre courage, en votre haute raison, en votre amour pour elle ! Et le témoignage qu'elle vient de vous en donner est d'autant plus glorieux qu'il est rendu après trois années d'un gouvernement dont il consacre ainsi la sagesse et le patriotisme.

« L'élu du 10 décembre 1848 s'est-il montré digne du mandat que le peuple lui avait conféré ? A-t-il bien compris la mission qu'il avait reçue ?

« Qu'on le demande aux sept millions de voix qui viennent de confirmer ce mandat, en y ajoutant une mission plus grande et plus belle !

« Jamais, dans aucun pays, la volonté nationale s'est-elle aussi solennellement manifestée ? Jamais gouvernement obtint-il un assentiment pareil, eut-il une base plus large, une origine plus légitime et plus digne du respect des peuples ? (Murmures d'approbation.)

« Prenez possession, Prince, de ce pouvoir qui vous est si glorieusement déféré.

« Usez-en pour développer par de sages institutions les bases fondamentales que le peuple lui-même a consacrées par ses votes.

« Rétablissez en France le principe d'autorité, trop ébranlé depuis soixante ans par nos continuelles agitations.

« Combattez sans relâche ces passions anarchiques qui attaquent la société jusque dans ses fondements.

« Ce ne sont plus seulement des théories odieuses que vous avez à poursuivre et à réprimer. Elles se sont traduites en faits, en horribles attentats.

« Que la France soit enfin délivrée de ces hommes toujours prêts pour le meurtre et le pillage, de ces hommes qui, au dix-neuvième siècle, font horreur à la civilisation et semblent, en réveillant les plus tristes souvenirs, nous reporter à cinq cents ans en arrière. (Vif assentiment.)

« Prince, le 2 décembre, vous avez pris pour symbole *la France régénérée par la révolution de* 1789 *et organisée par l'Empereur*, c'est-à-dire une liberté sage et bien réglée, une autorité forte et respectée de tous.

« Que votre sagesse et votre patriotisme réalisent cette noble pensée. Rendez à ce pays si riche, si plein de vie et d'avenir, les plus grands de tous les biens, l'ordre, la stabilité, la confiance. Comprimez avec énergie l'esprit d'anarchie et de révolte.

« Vous aurez ainsi sauvé la France, préservé l'Europe entière d'un immense péril, et ajouté à la gloire de votre nom une nouvelle et impérissable gloire. »

Ces paroles sont suivies de marques unanimes et significatives d'approbation.

Louis-Napoléon a pris la parole :

« Messieurs,

« La France a répondu à l'appel loyal que je lui avais fait. Elle a compris que je n'étais sorti de la légalité que pour rentrer dans le droit. Plus de sept millions de suffrages viennent de m'absoudre en justifiant un acte qui n'avait d'autre but que d'épargner à la France et à l'Europe peut-être des années de troubles et de malheurs. (Vives marques d'assentiment.)

« Je vous remercie d'avoir constaté officiellement combien cette manifestation était nationale et spontanée.

« Si je me félicite de cette immense adhésion, ce n'est pas par orgueil, mais parce qu'elle me donne la force de parler et d'agir ainsi qu'il convient au chef d'une grande nation comme la nôtre. (Bravos répétés.)

« Je comprends toute la grandeur de ma mission nouvelle, je ne m'abuse pas sur ses graves difficultés. Mais avec un cœur droit, avec le concours de tous les hommes de bien qui, ainsi que vous, m'éclaireront de leurs lumières et me soutiendront de leur patriotisme, avec le dévouement éprouvé de notre vaillante armée, enfin avec cette protection que demain je prierai solennellement le ciel de m'accorder encore (sensation prolongée), j'espère me rendre digne de la confiance que le peuple continue de mettre en moi. (Vive approbation.) J'espère assurer les destinées de la France en fondant des institutions qui répondent à la fois et aux instincts démocratiques de la nation et à ce désir exprimé universellement d'avoir désormais un pouvoir fort et respecté. (Adhésion chaleureuse.)

« En effet, donner satisfaction aux exigences du moment en créant un système qui reconstitue l'autorité sans blesser l'égalité, sans fermer aucune voie d'amélioration, c'est jeter les véritables bases du seul édifice capable de supporter plus tard une liberté sage et bienfaisante. »

Des cris de : Vive Napoléon! vive le Président! se font entendre. Les membres de la commission se pressent autour de Louis-Napoléon pour lui adresser leurs félicitations. Quelques conversations s'engagent entre le Président et plusieurs membres de la commission. Vingt minutes environ se passent avant la réception du corps diplomatique.

Le corps diplomatique a été présenté par le nonce apostolique. Il n'y a point eu de discours.

Mgr l'archevêque, le chapitre métropolitain et le clergé de Paris ont été reçus ensuite.

Mgr l'archevêque s'est exprimé en ces termes :

« Monsieur le Président,

« Nous venons vous présenter nos félicitations et nos vœux. Ce que nous allons faire demain, nous le ferons tous les jours de l'année qui va commencer. Nous prierons Dieu avec ferveur pour le succès de la haute mission qui vous a été confiée, pour la paix et la prospérité de la République, pour l'union et la concorde de tous les citoyens. Mais afin qu'ils soient tous bons citoyens, nous demanderons à Dieu d'en faire de bons chrétiens. »

Le Prince a remercié Mgr l'archevêque d'avoir bien voulu mettre sous la protection divine les actes qui lui ont été inspirés par le sentiment qui lui avait dicté ces paroles : « Que les bons se rassurent et que les méchants tremblent ! »

Le doyen du clergé de Paris, le vénérable curé de Saint-Nicolas, âgé de quatre-vingt-sept ans, s'est approché vivement du Président et lui a dit d'un ton allègre : « Je suis heureux, monseigneur, de vous dire avec le prophète : *l'œuvre de Dieu réussira quand même.* »

L'assistance tout entière a accueilli, avec une expression d'espoir sympathique, les courtes et expressives paroles du vieux curé.

Les deux consistoires de l'Église réformée et de l'Église de la confession d'Augsbourg et le consistoire central israélite ont été ensuite admis à présenter leurs hommages à M. le Président de la République.

CHAPITRE XXXIII

TE DEUM d'action de grâces en l'honneur des 7,500,000 suffrages, consacrant la Révolution militaire du 2 décembre.

JEUDI 1er JANVIER (8 HEURES A MIDI).

Jamais brume n'enveloppa Paris d'une gaze plus blanche et plus épaisse que le 1er janvier 1852. Deux amis ne se seraient point reconnus à dix pas; ils se seraient croisés sans se donner l'accolade du jour de l'an.

Les arbres étaient couverts de givre; la température sèche et froide; la Seine charriait d'énormes glaçons comme à la Bérézina.

Il n'y avait nulle espérance de voir le soleil éclairer la solennité annoncée dès six heures du matin par le canon des Invalides.

Était-ce le résultat d'une pensée divine ayant pour but d'empêcher la réalisation des bruits sinistres répandus par la malveillance et la haine? Je ne sais; mais l'accomplissement d'un nouveau crime à la Fieschi, à la Louvel ou à l'Alibaud, eût été impossible au milieu d'une brume aussi intense; et néanmoins l'on n'avait rien négligé pour éviter à la France cette tache nouvelle dans son histoire.

Dieu voulut aussi nous éviter ce déshonneur.

Ayant obtenu, à titre d'historien chroniqueur des événements contemporains, d'assister à la cérémonie de Notre-Dame, je m'y rendis dès six heures du matin afin de suivre dans tous ses détails cette solennité destinée à faire époque dans nos annales déjà si riches en péripéties politiques et religieuses.

Les troupes se déroulaient dans tous les sens pour occuper les positions qui leur étaient assignées, depuis l'Élysée jusqu'au parvis de l'antique métropole.

Partout l'on entendait les tambours, la musique, les trompettes ou les clairons; mais on ne voyait rien qu'alors que l'on venait, en quelque sorte, se heurter contre un mur de soldats.

Les Invalides avaient commencé leur salve de dix coups par chaque million de voix, sanction de l'audacieux coup d'État du 2 décembre.

L'on ne pouvait distinguer du Parvis que les décorations, qui ne dépassaient pas vingt ou trente mètres d'élévation. Les tours avaient disparu dans le brouillard.

Des banderolles flottaient à plusieurs mâts, et au-dessus du portail l'on voyait brodés d'or, sur une légende de velours cramoisi, en chiffres de dix-huit pouces :

7,500,000

Sur la place du Parvis avaient été disposées, des deux côtés du portail, dix bannières tricolores soutenues par des mâts, dont chacun portait un trophée de drapeaux et un bouclier décoré des lettres L. N. dans une couronne de chêne. En outre, trois grandes bannières tricolores étaient suspendues à des mâts dressés en avant du portail.

L'entrée principale était précédée d'un grand *velarium* d'étoffe de couleur cramoisie, parsemé d'étoiles d'or et du chiffre L. N. également or. Toute la façade de la vieille basilique, à tous ses étages et jusqu'aux tours, était décorée de drapeaux, de bannières, de flammes aux couleurs variées. L'effet en était pittoresque.

Au milieu de la rosace qui surmonte le grand portail se remarquait la large oriflamme sur laquelle se trouvait inscrit, ainsi que je viens de le dire, le chiffre 7,500,000.

A la garde républicaine et à la gendarmerie mobile avaient été confiées exclusivement la garde et la police des abords comme de l'intérieur de Notre-Dame. Les régiments de l'armée de Paris avaient tous fourni deux bataillons pour former la haie partout sur la voie du cortége; une couche de sable répandu pendant la nuit avait fait disparaître les inégalités du pavé, et les petites maîtresses eussent pu se dispenser de faire atteler leur équipage. Le soulier de satin ou de prunelle n'avait à redouter nul mécompte.

Il n'en sera peut-être pas ainsi au retour, du moins pour leurs cachemires du Thibet ou leurs manteaux de velours pailletés de jais noir. Plus d'un élégant chapeau, plus d'un bonnet coquet devront être jetés au rebut ou donnés pour étrennes à des femmes de chambre.

Quoi qu'il en dût être de ces petites mésaventures de toilette, j'entrai par la tour du Cloître et me trouvai bientôt dans la galerie désignée sur mon billet. Déjà les premiers rangs étaient entièrement garnis par les dames qui, à pareils jours, ne redoutent ni le froid, ni l'humidité, ni les ennuis d'une longue attente. La curiosité aussi bien que le désir d'attirer des hommages, même dans le temple de Dieu, leur font tout endurer avec courage et résignation. La femme a été ainsi créée, et nous autres hommes devons-nous nous en plaindre?

Tenant essentiellement à m'emparer, contrairement aux usages de la galanterie, de dix-huit pouces du premier rang afin de pouvoir promener mon regard scrutateur sur ce public officiel qui s'amoncelait à quarante pieds au-dessous de moi, je parcourus la longue galerie de la nef, lorsqu'une voix de femme frappa mon oreille et me convia à prendre place à ses côtés. Quelle bonne fortune en pareille circonstance! avoir le droit, de la bouche même d'une femme, d'être sourd au cri de ma conscience et de laisser debout, sur un modeste tabouret une jolie femme, n'est-ce pas là une bonne fortune? J'en dois l'hommage et la reconnaissance à madame de *** ; qu'elle veuille bien me permettre de les lui exprimer ici, et de s'être chargée surtout d'une manière si gracieuse de ce *péché mortel* de la société.

Je ne pouvais être mieux placé à tous égards.

Nulle part comme en France on ne possède le goût et le génie des décorations pour les grandes solennités. Je vais donc décrire celles qui m'ont frappé en entrant dans ce temple de Dieu.

Dès onze heures du matin, on ferma les portes sur les six mille invités qui déjà remplissaient l'église.

Des estrades, disposées en amphithéâtre sur toute l'étendue de la nef, de chaque côté, et les galeries spacieuses qui règnent autour de l'édifice, étaient garnies sur tous les points.

Les délégués des départements avaient des places désignées sur deux de ces estrades.

Le milieu de la nef était particulièrement réservé aux autorités militaires et aux députations des régiments de l'armée de Paris et des garnisons voisines.

Dans le transsept s'élevait un riche dais en velours cramoisi, à ciel d'or, dont les quatre branches correspondaient aux quatre piliers principaux.

Il ne manquait à ce dais, pour en compléter le grandiose, que les cinq magnifiques panaches blancs que j'avais cependant vu porter la veille par cinq ouvriers du garde-meuble. Si c'est oubli, il est regrettable.

Un prie-Dieu et un siége d'honneur étaient établis pour le chef de l'État, sous ce dais et en face d'un autel doré, de forme gothique, dressé en avant du chœur, dans la partie centrale où se croisent la grande nef et la nef transversale.

De vastes estrades en amphithéâtre étaient élevées à chacun des bras de la croix latine.

Celle de droite était occupée par le corps diplomatique, la Cour de cassation, la cour d'appel et le tribunal de première instance, leurs présidents en tête.

Celle de gauche, par la commission consultative, conduite par M. Baroche, la commission municipale et départementale, le conseil de préfecture, les maires de Paris et des principales communes du département de la Seine, à la suite de MM. les préfets de la Seine et de police; l'Institut, le conseil supérieur de l'instruction publique et les quatre Facultés, précédées de leurs massiers.

Le premier rang des siéges disposés dans la nef, à quelques pas en arrière du fauteuil du prince Napoléon, était occupé par les grands'croix. J'y ai remarqué les maréchaux Reille, Excelmans, Levaillant, Harispe; l'amiral de Mackau, les généraux d'Hautpoul, Petit et M. d'Argout.

Le prince Murat, en costume de colonel de la garde nationale et revêtu du grand cordon bleu foncé de Naples, occupait la place la plus rapprochée du siége de son cousin.

Ce qui rehaussait l'éclat de cette cérémonie, c'était la variété et la richesse des costumes officiels dont tous les membres de chaque corps étaient revêtus, moins cependant les ministres qui tous, le général de Saint-Arnaud excepté, ne *brillaient* que par leur habit noir. La révolution à laquelle ils venaient de prendre une part si active ne les autorisait-elle pas à remplacer le frac bourgeois par un costume moins modeste et surtout plus éclatant?

Dans les tribunes donnant sur le transsept se faisaient remarquer, par leurs toilettes, les femmes des grands dignitaires de l'État et des ministres étrangers.

L'une de ces tribunes, brillante et riche entre toutes, était occupée par la princesse Mathilde, la princesse Marie de Baden, marquise de Douglas, et d'autres dames parentes ou alliées de la famille du Prince.

Vers onze heures et demie, Mgr l'archevêque, assisté de ses vicaires généraux, chanoines de la métropole, a pris siége sous un dais à droite de l'autel.

Au-dessus des galeries de la grande nef et du transsept étaient symétriquement suspendus les quatre-vingt-dix drapeaux représentant les départements et les colonies de France. Au-dessus on avait placé les écussons armoriés des principales villes, et sur bon nombre brillaient, d'or ou d'argent, les fleurs de lis des rois de France.

La variété de ces drapeaux rappelait la voûte des Invalides lorsqu'elle était encore décorée de ses riches trophées d'Europe.

Toutefois, je le dis à regret, la brume épaisse qui enveloppait Paris nuisait à l'effet général de cette cérémonie, très-bien conçue par ses ordonnateurs et exécutée avec beaucoup d'ordre.

Le brouillard avait pénétré dans cette vaste cathédrale et ternissait l'éclat de sa splendide illumination, tout en bougies, supportées par un nombre infini de lustres et de candélabres.

La rigueur de la température rendait en outre indispensables les surtouts et les cabans, qui cachaient les riches broderies des uniformes civils et militaires.

Je ne pouvais me défendre, à la vue de tout ce qui se déroulait sous mes yeux, de mille réflexions et sur les hommes et sur les choses de ce monde ; et que de fois, en voyant passer de très-hauts personnages, n'ai-je point été tenté de m'écrier :

« *Le succès seul légitime donc tout ici-bas?...* »

puisque l'homme heureux du jour voyait à ses pieds en ce moment ceux-là mêmes qui peu de jours auparavant le mettaient hors la loi et donnaient sur lui droit de mort au premier venu!...

Pauvre espèce humaine! que tu fais donc compassion, vue de près, le lendemain des révolutions!...

Depuis quelques minutes, Mgr l'archevêque avait pris place sur son siége et attendait le Président de la République, lorsque l'on vint en annoncer l'arrivée. Mgr Sibour se leva, et, précédé de son clergé et de sa croix archiépiscopale, se rendit solennellement à la rencontre du Prince. Il saluait avec dignité la haie militaire et civile qu'il traversait. Parvenu au bas de la grande nef, le portail s'ouvrit, les tambours battirent aux champs. Tous les regards furent aussitôt fixés sur l'entrée... Mais le Prince ne se présentait pas... Les tambours battaient toujours, et rien... rien ne venait satisfaire l'attente générale!... Cinq minutes s'écoulent ainsi et le portail se referme brusquement...

J'avoue qu'un frisson circula dans mes veines, et je crois n'avoir point été seul à éprouver cette impression. Je n'osai d'abord communiquer à ma voisine mes appréhensions; mais, comme à moi, cette circonstance lui avait paru extraordinaire.

Près de dix minutes s'écoulèrent dans cet état de perplexité cruelle. Mgr l'archevêque n'avait pas quitté les abords du portail, lorsque enfin les portes s'ouvrirent de nouveau; les tambours se firent encore entendre, et cette fois trouvèrent de l'écho à l'extérieur. Le bourdon fut lancé à toutes volées, le canon gronda.

Un mouvement se fit remarquer sur le Parvis et bientôt l'on vit apparaître des officiers du cortége.

Un murmure de contentement se fit entendre ; quelques secondes après éclatèrent au bas de la nef de bruyantes manifestations, au milieu desquelles des cris de « Vive l'Empereur » frappèrent mon oreille, tout en se perdant au milieu de ceux plus généraux de :

Vive Napoléon!

Le Prince parut ayant à ses côtés le général Magnan et le général de Saint-Arnand ; Mgr Sibour lui adressa quelques paroles analogues sans doute à la circonstance ; mais son discours, que j'ignore aussi bien que la réponse du Prince, ne durèrent pas dix minutes, et le cortége se remit processionnellement en marche, au milieu des vivats empressés, auxquels le Prince répondait avec noblesse et modestie, et certes il avait quelque droit de se montrer orgueilleux d'un pareil accueil !...

« — Dans quel costume pensez-vous, me demanda madame de ***, que le prince se présente au *Te Deum?...*

« — Je l'ignore, madame ; mais ayant gagné ses éperons d'or le 2 décembre ; ayant, dès ce jour, contracté un mariage indissoluble avec l'armée, je n'hésiterais pas à prendre l'habit de général de l'armée française... »

J'avais dit vrai, car, en effet, le Prince venait de se revêtir de tous les attributs du général de division, plus la plume blanche.

C'était un juste hommage rendu à l'armée par le prince qui avait eu le talent de lui plaire, de l'inféoder à sa cause, ainsi que le sut si bien faire l'Empereur, son oncle.

Pendant la marche du cortége jusqu'au sanctuaire, les tambours ne cessèrent de battre aux champs ; mais à peine sous le dais, partit du fond du chœur, par trois cents voix et deux cents instruments, une musique véritablement céleste : c'était *la marche* composée par *Lesueur* pour le sacre de l'Empereur.

C'était de l'à-propos, car n'était-ce point également une consécration religieuse d'une dictature conquise l'épée à la main que venait recevoir le prince Louis-Napoléon ?...

Invité par Mgr l'archevêque à prendre place au siége d'honneur, le Prince s'y agenouilla et resta ainsi prosterné et dans l'attitude la plus méditative, la plus édifiante pendant le *vivat.*

Que de pensées devaient en ce moment agiter cette âme passionnée pour les idées grandes et profondes !... De tristes souvenirs vinrent sans doute aussi s'y disputer leur place, car je vis le Prince prendre son mouchoir et le passer sur son front et jusque sur ses yeux... Son cœur sans doute n'avait pu rester calme comme au jour de la bataille, où devant lui il n'avait que des intrigants politiques à chasser, que l'anarchie à terrasser. Ici c'était Dieu, notre juge à tous, qui se trouvait devant le vainqueur de la Toison d'Or ?...

C'était aussi le souvenir d'une mère qu'il adorait et qui repose pour jamais dans une modeste chapelle de village.

C'était encore son oncle immortel, dont l'existence fut si tourmentée, si brillante, si phénoménale et qu'il aspirait à prendre pour modèle en tout, car que de péripéties dans la vie politique et privée du prince Louis, et que lui est-il réservé dans les arrêts suprêmes ?...

Je m'identifiais avec cette âme ardente, et ne m'étonnai nullement du recueillement et des émotions du Prince, dont je suivais du regard et de la pensée jusqu'aux moindres pulsations.

Le Prince ne releva la tête, qu'il avait constamment tenue inclinée sur son prie-Dieu, qu'au moment où l'archevêque entonna le *Te Deum* de toute la puissance de sa voix, où je remarquai cependant quelque chose de larmoyant : Monseigneur était également sans doute sous l'impression de quelque vive préoccupation !...

Le Prince se releva, son exemple fut aussitôt suivi par les six mille assistants et tous restèrent debout pendant cette musique enchanteresse de Lesueur, si merveilleusement exécutée par nos cinq cents artistes lyriques.

Au *Te Deum* succéda le motet *Urbs beata*, également de Lesueur; le Prince s'assied, à l'exemple de Mgr Sibour, pendant ce délicieux morceau, pendant le *Sanctus* de M. Adam, et le *Liberavit nos*, de Lesueur.

Jamais peut-être les voûtes de l'antique métropole ne retentirent d'une musique plus harmonieuse, plus digne de ce saint lieu. Peu de cœurs ont dû rester froids à de pareilles vibrations.

Tout à coup la musique cessa ; un moment de silence tenant de l'extase se fit remarquer partout dans la nef, comme dans les tribunes.

Mgr Sibour se lève, mitre en tête, et la crosse en main, et entonne, mais toujours avec émotion, le *Domine salvum* du rit républicain, qu'il modifie toutefois par une application personnelle au héros de la circonstance.

A ces mots : *Ludovicum Napoleonem*, un sourd bourdonnement de surprise, de joie peut-être, se fit entendre au bas de la nef; je ne m'en rendis pas compte d'abord, n'ayant point, au milieu de mes propres préoccupations, distingué les paroles sacramentelles sorties de la bouche du prélat, ami et protégé d'une puissance déchue, du général Cavaignac, qui fut, lui aussi, dictateur en France !...

O vicissitudes des choses humaines ! . . . .

. . . .

La cérémonie touchait à sa fin et durait depuis une heure, sans que le temps en eût paru long à personne. Cependant, l'un des grands vicaires introduisait l'image de la sainte Eucharistie dans le magnifique ostensoir, étincelant de pierreries, hommage de l'Empereur à Notre-Dame, à l'occasion de son sacre.

L'archevêque se lève, et d'un pas grave se dirige vers cet emblème de la majesté divine, l'enveloppe dans un nuage d'encens, et de ses mains recouvertes de satin blanc, s'emparant de cet éblouissant tabernacle, le promène au-dessus de ces milliers de fronts courbés, redevenus religieux à l'aspect de tant de pompe et de mystères impénétrables ! . . . .

. . . .

Là, que d'hommes, élevés dans l'indifférence et l'incrédulité, que de guerriers célèbres, que de magistrats, que de savants, que de philosophes, se sont prosternés avec respect devant cette représentation de l'HOMME-DIEU !...

Ce fut, je l'avoue, un moment bien touchant que celui de cette bénédiction archiépiscopale qui devait consacrer LA RÉVOLUTION MILITAIRE dont je viens de rapporter jusqu'aux moindres incidents.

Que Dieu protége la France !... son Prince et son armée!!!...

FIN

TABLEAU GÉNÉRAL DE L'ARMÉE DE PARIS

AU DEUX DÉCEMBRE 1851

ÉTAT-MAJOR GÉNÉRAL AUX TUILERIES

MAGNAN, général de division, commandant en chef.
BRUNOT DE ROUVRE, capitaine d'état-major, aide de camp.
SAUTEREAU, capitaine d'état-major, aide de camp.
CORNEMUSE, général de brigade, chef d'état-major général.
DE COURSON, chef d'esc. d'état-major, attaché à l'état-maj. gén.

CASTELNAU, chef d'esc. d'état-major, attaché à l'état-maj. gén.
JARDOT, id. id.
ROBINET, capitaine d'état-major, id.
PHLIPPONNAT, id. id.
CLERVILLE, id. id.

DIVISIONS	BRIGADES		CORPS	EFFECTIF	BLESSÉS	TUÉS
1re — **CARRELET** — LEBRUN, chef d'escadron, FERRI-PISAIN, capitaine, aides de camp. MAGON DE LALANDE, colonel, chef d'état-major	1re	**DE COTTE** — CARNET, aide de camp. DE MAUDUIT, sous-lieutenant au 2e de chasseurs à cheval, officier d'ordonnance	15e léger, GUILLOT, colonel	1507	14	1
			72e de ligne, QUILICO, id.	1478	25	9
			7e compagnie, 1er bataillon, 1er du génie	129	»	»
			9e batterie du 6e d'artillerie	124	2	»
			Total	3238	41	10
	2e	**DE BOURGON** — VILLETTE, aide de camp.	28e de ligne, DE SERRE, colonel	1706	15	1
			33e de ligne, BOUAT, colonel	1637	12	»
			58e id. MAYRAN, id.	1487	7	3
			5e compagnie, 1er bataillon, 2e du génie	148	»	»
			10e batterie du 6e d'artillerie	126	4	»
			Total	5104	38	4
	3e	**CANROBERT** — DE BAR, aide de camp.	27e de ligne, PEYSSART, colonel	1560	9	»
			49e de ligne, DE LA GRANDVILLE, colonel	1694	»	»
			5e bataillon de chasseurs, LEVASSOR-SORVAL, commandant	707	18	4
			Batterie du 6e d'artillerie	124	»	»
			Total	4175	27	4
	4e Réserve.	**DULAC** — D'AUVERGNE, aide de camp.	1er bataillon de gendarmerie mobile, SAUCEROTTE, commandant	1151	14	1
			2e bataillon de gendarmerie mobile	1151	»	»
			11e batterie du 6e d'artillerie	124	»	»
			Total	4489	17	1
	Cavalerie	**REIBELL** — CARRÉ, aide de camp.	1er de lanciers, DE ROCHEFORT, colonel	641	»	»
			7e de lanciers, FERAY, colonel	599	»	»
			2e escadron des Guides, DE COLONJON, commandant	164	»	»
			Total	1404	»	»
2e — **RENAULT** — OSMONT, COLSON, capitaines, aides de camp. DE ROUVRAY, colonel, chef d'état-major. DELAVILLE, chef d'escadron. DELABARRE, capitaine.	1re	**SAUBOUL** — MARTINET, aide de camp.	19e de ligne, COURAND, colonel	1718	»	»
			30e de ligne, DUVAL, colonel	1801	»	»
			37e id D'HUGUES, id.	1495	»	»
			Mineurs du 2e bataillon du 1er génie	125	»	»
			8e batterie du 7e d'artillerie	130	»	»
			Total	5069	»	»
	2e	**FOREY** — SCHMITZ, aide de camp.	14e de ligne, DE NÉGRIER, colonel	1648	»	»
			56e de ligne, PRIVAT DE GARILHE, colonel	1571	»	»
			6e bataillon de chasseurs, DE CASTAGNY, commandant	865	»	»
			7e batterie du 7e d'artillerie	131	»	»
			Total	4215	»	»
	3e	**RIPERT** — MONTOILS, aide de camp.	6e de ligne, DEGARDERENS DE BOISSE, colonel	1696	»	»
			12e de ligne, ESPINASSE, colonel	1526	»	»
			3e bataillon de chasseurs, DUPLESSIS, commandant	860	»	»
			4e batterie du 7e d'artillerie	124	»	»
			Total	4206	»	»

DIVISIONS	BRIGADES	CORPS	EFFECTIF	BLESSÉS	TUÉS
3e **LEVASSEUR** — ARMAND, aide de camp. COURTOIS-D'HURBAL, colonel, chef d'état-major. MARIANI, chef d'escadron. LEVRAT, capitaine.	1re **HERBILLON** — CRÉPY, aide de camp.	6e léger, O'KEFFE, colonel	1530	6	1
		3e de ligne, CHAPUIS, colonel	1540	17	1
		9e bataillon de chasseurs, AUZOUY, commandant	771	6	»
		3e compagnie, 2e bataillon, 1er du génie	134	»	»
		10e demi-batterie du 7e d'artillerie	83	3	»
		Total	4038	32	2
	2e **MARULAZ** — CURY, aide de camp.	19e léger, DE LA MOTTEROUGE, colonel	1540	»	1
		44e de ligne, CUNY, colonel	1679	10	1
		4e batterie du 10e d'artillerie	137	4	»
		Total	3356	14	2
	3e **DE COURTIGIS** — FÈVRE, aide de camp.	31e de ligne, REPOND, colonel	1474	3	»
		43e id. LORETON-DUMONTET, col.	1670	2	»
		51e id. DE LOURMEL, colonel	1421	11	1
		4e compagnie, 1er bataillon, 2e génie	143	»	»
		10e batterie du 10e d'artillerie	134	»	»
		Total	4842	16	1
Cavalerie de Réserve. **KORTE** — PAJOL, BONNEAU, aides de camp. ISNARD, lieutenant-colonel, chef d'état-major. DE RAMBAUD, capitaine.	1re **TARTAS**	1er de carabiniers, RAVEL, colonel	685	»	»
		2e id. DE WACQUANT, colonel	636	»	»
		Total	1321	»	»
	2e **D'ALLONVILLE**	6e de cuirassiers, SALLE, colonel	581	»	»
		7e id. MAVET, id.	625	»	»
		Total	1206	»	»
Artillerie de Réserve. **HUBERT** — DE SCHALLER, aide de camp.		3e Batterie du 7e d'Artillerie	133	»	»
		9e Batterie du 7e d'Artillerie	136	»	»
		11e Batterie du 7e d'Artillerie	132	»	»
		12e Batterie du 7e d'Artillerie	142	»	»
		5e Batterie du 7e d'Artillerie	91	»	»
		13e Batterie du 7e d'Artillerie	68	»	»
		14e Batterie du 7e d'Artillerie	112	»	»
		16e Batterie du 7e d'Artillerie	138	»	»
		16e Batterie du 6e d'Artillerie	144	»	»
		16e Batterie du 10e d'Artillerie	149	»	»
		Total	1245	»	»

RÉCAPITULATION

1re DIVISION

	EFFECTIF	BLESSÉS	TUÉS
1re Brigade	3238	41	10
2e id.	5104	38	4
3e id.	4175	27	4
4e id.	4489	17	1
Total	17006	123	19

2e DIVISION

	EFFECTIF	BLESSÉS	TUÉS
1re Brigade	5060	»	«
2e id.	4218	»	«
3e id.	4206	»	«
Total	13490	»	»

3e DIVISION

	EFFECTIF	BLESSÉS	TUÉS
1re Brigade	4058	32	2
2e id.	3356	14	2
3e id.	4842	16	1
Total	12256	62	5

CAVALERIE

	EFFECTIF	BLELSÉS	TUÉS
Brigade de Lanciers	1404	»	»
Brigade de Carabiniers	1321	»	»
Brigade de Cuirassiers	1206	»	»
Total	3931	»	»

RÉSERVE D'ARTILLERIE

EFFECTIF	BLESSÉS	TUÉS
1245	»	»

RÉSUMÉ GÉNÉRAL

	EFFECTIF GÉNÉRAL	BLESSÉS	TUÉS
Infanterie	42752	185	24
Cavalerie	3931	»	»
Artillerie de réserve	1245	»	»
Total général de l'armée de Paris, le 2 décembre 1851	47928	185	24

TABLE DES MATIÈRES

PREMIÈRE PARTIE

DEUXIÈME PARTIE

FIN DE LA TABLE

Paris. — Imp. L. Poupart-Davyl, rue du Bac, 30.

www.ingramcontent.com/pod-product-compliance
Ingram Content Group UK Ltd.
Pitfield, Milton Keynes, MK11 3LW, UK
UKHW021044200726
13857UKWH00003B/820